DIE REIHE

Sport-Archiv

EISHOCKEY IN MÜNCHEN

Eishockey in Lederhosen: München ist seit vielen Jahren ein Schmelztiegel von Spielern aus den benachbarten Hochburgen Garmisch-Partenkirchen, Bad Tölz, Rosenheim, Füssen, Kaufbeuren und Landshut. Der gebürtige Tölzer Florian Zeller (im Bild) tritt in die Fußstapfen prominenter Vorgänger wie Leonhard Waitl, Georg Kink, Dieter Medicus, Franz Jüttner, Raimond Hilger oder Gerd Truntschka.

DIE REIHE

Sport-Archiv

EISHOCKEY IN MÜNCHEN

Dino Reisner

SUTTON VERLAG

Sutton Verlag GmbH
Hochheimer Straße 59
99094 Erfurt
http://www.suttonverlag.de

ISBN 978-3-86680-107-3

Druck: Oaklands Book Services Ltd., Chalford | GL, England

Der Torhüter ist die wichtigste Position im Eishockey und macht, wie eine alte Weisheit besagt, 50 Prozent des Erfolges einer Mannschaft aus. Der Kanadier Boris Rousson (rechts) – der hier 2002 von Dino Reisner, dem Autor der vorliegenden Chronik, als „Torhüter des Jahres“ geehrt wird – war einer der besten und einer von nur drei ausländischen Torhütern (nach dem Tschechen Jiri Holecek und dem Finnen Jorma Valtonen) in der Geschichte des Münchner Eishockeys.

Inhaltsverzeichnis

Danksagung und Bildnachweis

Die Erstellung der vorliegenden Chronik wäre ohne die tatkräftige und uneigennützige Unterstützung zahlreicher Personen nicht möglich gewesen. Im Besonderen zu nennen sind hier Arno Nahler (seit den Sechzigerjahren aufmerksamer Beobachter und Intimkenner der Münchner Eishockeyszene), der drei Beiträge zu diesem Band beisteuerte, Renate Schury und Helmut Heunke. Ferner gilt mein Dank Axel Dubelowski, Michael Dummert, Wolfgang Eberl, Torsten Friedrich, Klaus Kirschner, Günter Klein, Gerry Mittag, Werner und Thorsten Schönberger, Roland Schopper, Paul Sommer, Eberhard Spaeth, Stefan Wagner, Leonhard Waitl, Klaus Walzer, Ludwig Wieser, Carsten Zehm und Josef Zollbrecht.

Dieses Buch ist allen tadellosen Sportsleuten und Anhängern des Eishockeysports gewidmet, insbesondere den leidgeprüften Münchner Fans.

ISPFD-Schönberger, Nürnberg (26): Seiten 4, 47, 49 (oben), 49 (unten), 50 (oben), 50 (unten), 51 (oben), 51 (unten), 52/53, 54 (oben), 54 (unten), 55 (oben), 55 (unten), 56 (oben), 56 (unten), 57 (oben), 57 (unten), 58 (oben), 58 (unten), 59 (oben), 59 (unten), 60, 86, 87, 88, 95 (unten)

Dino Reisner, München (21): Seiten 2, 63 (oben), 63 (unten), 64 (oben), 64 (unten), 65 (oben), 65 (unten), 66 (oben), 66 (unten), 67 (oben), 68 (oben), 68 (unten), 69 (unten), 70 (unten), 71 (oben), 72 (unten), 73 (unten), 89, 90, 93, 95 (oben)

Renate Schury, Germering (12): Seiten 17 (unten), 18 (unten), 19 (oben), 19 (unten), 22, 25 (unten), 26 (oben), 27 (unten), 29 (oben), 79, 81, 82

Pressefoto Frinke, München (11): Seiten 33 (unten), 37, 40, 41, 43 (oben), 43 (unten), 44 (oben), 44 (unten), 45 (oben), 45 (unten), 46

Stadtarchiv München (6): Seiten 6, 7, 9, 10 (oben), 10 (unten), 14

EC Hedos München (10): Seiten 28 (unten), 31 (unten), 32 (oben), 32 (unten), 34/35, 75, 83, 84, 94 (unten)

Helmut Heunke, München (7): Titel, Seiten 70 (oben), 71 (unten), 72 (oben), 73 (oben), 77, 92

Nordbayerischer Kurier, Bayreuth (4): Seite 18 (oben), 25 (oben), 27 (oben), 29 (unten)

Leonhard Waitl, Füssen (3): Seiten 11, 13 (oben), 76

Roland Schopper, München (3): Seiten 67 (unten), 69 (oben), 91

Axel Dubelowski, Unterföhring (3): Seiten 23, 61, 94 (oben)

Archiv Eckert, Bobingen (3): Seite 13 (unten), 30 (oben), 80

Wolfgang Eberl, München (2): Seiten 17 (oben), 20/21

Stefan Wagner, Gilching (2): Seiten 39 (oben), 85

Torsten Friedrich, München (2): Seiten 33 (oben), 36

Klaus Kirschner, München (2): Seiten 28 (oben), 31 (oben)

Paul Sommer, Rosenheim (2): Seiten 15, 78

Christoph Sandner, München (1): Seite 39 (unten)

Harald Birk, Augsburg (1): Seite 30 (unten)

Ludwig Wieser, München (1): Seite 74

1

Wie alles begann

Auf dem zugefrorenen Kleinhesseloher See im Englischen Garten fanden vor dem Ersten Weltkrieg nicht nur zahlreiche Eislaufwettbewerbe bis hin zu Weltmeisterschaften statt, er war auch die Keimzelle des Münchner Eishockeys (im Hintergrund das alte Seehaus, das inzwischen durch einen Neubau ersetzt worden ist). Hier trug auch der MTV, Deutscher Meister des Jahres 1922, seine Heimspiele aus.

Bei welchem Münchner Verein wurde erstmals Eishockey gespielt? Man darf ziemlich sicher sein, dass kaum ein Sportfan diese Frage richtig beantworten kann. Es war der MTV 1879 – heute noch der größte Breitensportverein in der Landeshauptstadt – und man schrieb das Jahr 1900. Gespielt wurde auf dem Kleinhesseloher See im Englischen Garten, wo bereits 1846 die älteste Eisbahn Münchens entstanden war. Zwar gab es da noch das 1892 eröffnete „Schachterleis" am Hofgarten, doch für Eishockey war es denkbar ungeeignet: Diese älteste Kunsteisbahn der Welt, vom Ingenieur Felix Unsöld erbaut, maß gerade einmal 15 x 38 Meter, weshalb man auf ihr nur Kunstlauf ausüben konnte.

1909 wurde dann auch beim Münchner Eislauf-Verein 1883 eine Eishockeymannschaft gegründet, die anfangs allerdings noch nicht groß in Erscheinung trat. Ganz anders der MTV: Im Januar 1913 fand in München das erste internationale Turnier statt, bei dem die „Männerturner" gegen Prag 5:2 siegreich blieben. Aber auch national war der MTV erfolgreich. 1913 und 1914 erreichten die Münchner das deutsche Endspiel, das jeweils in Berlin ausgetragen wurde. Leider setzte es mit 0:4 und 1:12 zwei Niederlagen. Gegner war beide Male der Berliner Schlittschuhclub, der das deutsche Eishockey nach Belieben beherrschte. 1915 bis 1919 ruhte wegen des Ersten Weltkrieges der Spielbetrieb. Ab 1920 wurde die Meisterschaft dann in einer Finalrunde ausgetragen, und wieder war der MTV dabei. Gegner auf dem Kleinhesseloher See waren die beiden Berliner Clubs BSC und SC Charlottenburg. Erneut erwies sich der Schlittschuhclub als zu stark. Für die Münchner reichte es in diesem und im Folgejahr nur zum zweiten Platz. Doch 1922 war es auf dem Riessersee in Garmisch-Partenkirchen endlich soweit: Die Dominanz der Berliner konnte gebrochen werden. In zwei spannenden Spielen gewann der MTV gegen den BSC 1:0 und den SCC 3:2 und war Meister.

Ein anderes Ereignis sollte für Münchens Eissport von weit reichender Bedeutung sein: Am 23. Dezember 1923 wurde die Eishockeyabteilung des SC Riessersee gegründet. Nachdem sich die Eishockeyspieler im MEV ziemlich stiefmütterlich behandelt fühlten, traten sie fast geschlossen dem neuen Klub aus dem Werdenfelser Land bei. Nur ein Jahr später taten es ihnen ihre Kollegen vom MTV gleich. Auch sie schlossen sich dem SCR an und lösten kurz entschlossen ihre eigene Abteilung in München auf. Durch diese Verstärkungen aus der Landeshauptstadt – Matthias Leis, Alex Gruber und Adi Fischer seien hier exemplarisch genannt – entwickelte sich der SC Riessersee zu einer Großmacht im deutschen Eishockeysport.

Dagegen war es mit Münchens Herrlichkeit erst mal vorbei. Zwar schafften es Teams des MEV in den späten Zwanziger- und frühen Dreißigerjahren noch vereinzelt bis in die Endrunde um die Meisterschaft, aber der Erfolg blieb aus. Die neue Großmacht war der SC Riessersee, der fast ausschließlich aus Münchner Spielern bestand. Kein Wunder, dass der SCR von den Münchner Fans als ihr „Hausverein" betrachtet wurden. Und so durfte der SCR am 6. Dezember 1933 auch das Eröffnungsspiel im neu gebauten Prinzregentenstadion bestreiten. Die Münchner aus Garmisch-Partenkirchen verloren bei minus 18 Grad Celsius gegen Berlin mit 0:1.

Das einheimische Eishockey spielte in den Folgejahren praktisch keine Rolle mehr. „Hausverein" war der SC Riessersee, der regelmäßig Spiele im Prinzregentenstadion austrug. 5.000 Zuschauer waren dabei keine Seltenheit. Das neue Olympiaeisstadion in Garmisch-Partenkirchen, Austragungsort der Winterspiele im Februar 1936, verschob die Akzente zusätzlich in Richtung Zugspitze. München wurde gänzlich zur Eishockeyprovinz. Es durfte gerade einmal, wie 1938, die Vorrundenspiele zur Deutschen Meisterschaft austragen. Selbst beteiligt war allerdings kein einheimischer Klub. Auch bei den „Kriegsmeisterschaften" der Jahre von 1941 bis 1944 bestimmten etablierte Mannschaften wie Füssen und Riessersee das Geschehen.

Das Prinzregentenstadion hatte, wie die gesamte Stadt München, schwer unter den Luftangriffen im Zweiten Weltkrieg gelitten und war zu gut einem Viertel zerstört. Sehr schnell begann allerdings der Wiederaufbau, sodass das Eisstadion bereits am 20. Oktober 1946 wieder benutzt werden konnte. Geradezu Historisches geschah im Dezember 1949, als in München die erste internationale Sportbegegnung überhaupt nach dem Krieg stattfand: Einer alten Tradition folgend, war es der SC Riessersee, der den EHC Basel empfing. In der Landeshauptstadt selbst wurde natürlich auch wieder Eishockey gespielt, wenn auch auf niedrigerem Niveau. Und es tauchte ein neuer Name auf – der Schlittschuhclub München, der durch Spieler aus Garmisch-Partenkirchen verstärkt wurde. Der SCM spielte von 1948 bis 1950 recht erfolgreich und hätte im Herbst 1949 beinahe den Aufstieg in die höchste deutsche Spielklasse geschafft. Er scheiterte dann aber am Krefelder EV. So schnell, wie er entstanden war, verschwand er danach allerdings wieder.

Ganz anders der MEV, der ja bereits eine große Eishockeytradition aufzuweisen hatte. Seit 1947 mühten sich Mannschaften des Eislauf-Vereins wenig erfolgreich in den unteren Ligen ab, ohne sonderlich aufzufallen. Erst 1964 gelang der Aufstieg aus der drittklassigen Gruppenliga in die Oberliga, in der man so klangvolle Namen wie die Düsseldorfer EG oder den Kölner EK finden konnte. Mit einem sechsten Platz unter zwölf Mannschaften hielt sich der Neuling MEV recht beachtlich. In der folgenden Spielzeit (1965/66) waren die Münchner noch erfolgreicher und konnten sich permanent in der Spitzengruppe behaupten.

Trotzdem gab es wieder einmal interne Querelen. Die meisten Mitglieder des MEV verstanden ihren Klub, wie schon in den Zwanzigerjahren, in erster Linie als Eislauf-Verein. Und da waren die „Eishackler“ eher unwillkommen, zumal ihr Sport sehr viel Geld verschlang. Deshalb beauftragte die Mitgliederversammlung den Vorstand, Verhandlungen mit dem FC Bayern München über eine Eingliederung der Eishockeyabteilung zu führen. Treibende Kraft bei diesem Vorhaben war Emeran Ludwig, seines Zeichens von 1963 bis 1970 Schatzmeister des Deutschen Eishockey-Bundes (DEB). Nach langem Hin und Her war es am 7.Januar 1966 soweit: Die neu gegründete Eishockeyabteilung des FC Bayern fusionierte mit derjenigen des MEV.

Arno Nahler

Anfang der Dreißigerjahre wurde Eishockey salonfähig und verlagerte sich ins Stadtzentrum. Auf dem Gelände des abgebrannten Glaspalastes am Alten Botanischen Garten entstand eine große Natureisbahn. 1933 trugen hier sogar der SC Riessersee und Berliner SC vor eindrucksvoller Kulisse (im Hintergrund der Justizpalast) das später wegen eines Torrichterfehlers annullierte Endspiel um die Deutsche Meisterschaft aus, das die Werdenfelser mit 2:1 nach Verlängerung für sich entschieden.

Mit der Neuauflage des neun Monate zuvor annullierten Endspiels um die Deutsche Meisterschaft zwischen dem SC Riessersee und Berliner SC wurde am 6. Dezember 1933 das Prinzregentenstadion als zweite deutsche Kunsteisbahn eingeweiht. Eine Wiederholung des Finales auf der Eisfläche am Botanischen Garten war unmöglich, da Tauwetter eingesetzt hatte. Bei minus 18 Grad verfolgten 2.500 Zuschauer den überraschenden 1:0-Sieg der Berliner.

Über 30 Jahre lang war das von Unternehmer Dr. Friedrich Krantz erbaute Prinzregentenstadion das Mekka des Münchner, ja sogar des bayerischen Eishockeys. Neben dem MEV und FC Bayern trugen hier auch die Traditionsvereine SC Riessersee, EV Füssen und EC Bad Tölz sporadisch ihre Heimspiele aus. Bis zu 10.000 Besucher drängten sich bei Wind und Wetter auf den Tribünen der nicht überdachten Eisbahn.

2

FC Bayern

Heutzutage kaum vorstellbar: Eishockey beim großen FC Bayern München. Von 1966 bis 1969 leistete sich der heutige Fußball-Rekordmeister eine Puckjägersparte, die sogar zwei Jahre in der Bundesliga spielte. Hier stellt sich die Bundesliga-Aufstiegsmannschaft der Saison 1966/67 im Prinzregentenstadion dem Fotografen. Mit dabei neben Trainer Dr. Jano Starsi (stehend, ganz links) die damaligen Stars Hans Huber (stehend, Fünfter von links), Michael Mauer (stehend, Sechster von links), Peter Maus (stehend, ganz rechts) und Leonhard Waitl (vorn, ganz rechts).

Nachdem die Fußballer des FC Bayern wenige Monate zuvor den ersehnten Aufstieg in die Bundesliga geschafft hatten, wollten es ihnen ihre neuen Kollegen auf dem Eis natürlich nachmachen. Doch der erste Anlauf ging schief: Zwei Punkte hinter Berlin und Landsberg landeten die Münchner nur auf Rang drei der Oberliga und mussten ein weiteres Jahr in der Zweitklassigkeit fristen. Zum Glück gelang den Bayern die Verpflichtung zweier Männer, die endlich den erhofften Erfolg bringen sollten: Dr. Jano Starsi und Leonhard Waitl.

Dr. Starsi, Dozent an der Universität Bratislava, begann seine höchst erfolgreiche Trainerlaufbahn im Sommer 1966 in München. Und es gelang ihm auf Anhieb, den FC Bayern zum Aufstieg zu führen. Leonhard Waitl, einer der besten Verteidiger in der Geschichte des deutschen Eishockeys, galt nicht nur für Ex-Bundestrainer Xaver Unsinn als „echter Vorzeige-Eishockeyspieler". Der Zufall wollte es, dass der eisenharte Abwehrspieler aus Füssen zu jener Zeit die Elektro-Meisterschule in München besuchte. Der FC Bayern griff sofort zu, verpflichtete den „Hartl" für sein Team und überwies eine stattliche Ablösesumme nach Füssen. Waitl legt noch heute größten Wert auf die Feststellung, dass er einer der letzten Amateure gewesen sei und keinen Pfennig von diesem Geld gesehen habe. Es gibt aber auch andere, die in dem Füssener den ersten Profi auf dem Eis sahen. Ein ehemaliger Mitspieler glaubt sich zu erinnern, dass Waitl eine hohe fünfstellige Summe pro Jahr kassiert habe.

Doch davon ahnten die Zuschauer nichts, und es wäre ihnen wohl auch egal gewesen. Hauptsache, sie sahen erstklassiges Eishockey. Legendär die Auftritte Waitls an der Seite von Hans Huber, dem Verteidiger-Veteran, und Willi Schwarz, dem Playboy im Team. Nicht selten spielte der Abwehr-Star, bis auf wenige Verschnaufpausen, das ganze Spiel durch. Bei dem heutigen Tempo wäre so etwas undenkbar.

Seit Februar 1967 mussten die Bayern dann auch nicht mehr im offenen Prinzregentenstadion spielen, sondern durften in die neue Eishalle auf dem Oberwiesenfeld. Beim Eröffnungsspiel gegen SC Riessersee (3:3) herrschte solch ein Andrang, dass mehrere Tausend Fans unverrichteter Dinge wieder nach Hause gehen mussten. Das neue Münchner Eisstadion entwickelte sich zu einer Riesenattraktion, was wohl auch daran lag, dass es manche Fußballfans zur Eishockeymannschaft des FC Bayern zog, ohne viel von diesem Sport zu verstehen. Groß war die Begeisterung, als sich das heimische Team in der Relegationsrunde gegen so namhafte Gegner wie Kaufbeuren, Augsburg und Riessersee durchsetzen konnte und den Aufstieg in die Bundesliga schaffte. Die erste Saison, 1967/68, in der höchsten Spielklasse verlief äußerst spannend: Nach acht Runden der Bundesliga Süd (Einfachrunde) mussten die Bayern in die Relegation, wo sie am Ende (20 Spiele) mit Kaufbeuren punktgleich waren. Erst das Entscheidungsspiel, das knapp mit 5:3 gewonnen wurde, sicherte dem FC Bayern den Klassenverbleib. Mitentscheidend für den Erfolg war, neben den eisenharten Verteidigern und dem sicheren Torwart Theo Groß, der legendäre ersten Sturm mit Michael Mauer, Peter Maus und Axel von Thun.

In der Folgesaison 1968/69 lief es nicht so gut: Trainer Starsi erhielt aufgrund der politischen Unruhen in seiner Heimat keine Ausreisegenehmigung und wurde durch den ehemaligen Bundestrainer Engelbert Holderied aus Füssen ersetzt. Nach einer völlig verkorksten Einfachrunde mit 2:18 Punkten mussten die Bayern erneut in die Relegation. Und obwohl es bereits Auflösungsgerüchte gab, riss sich das Team nochmals am Riemen und sicherte sich den Klassenerhalt mit drei Punkten Vorsprung vor Kaufbeuren. Dennoch war das Eishockey in München am Ende: Wegen fehlender Perspektiven – der FC Bayern wollte sich ganz auf den Fußball konzentrieren – hatten Präsident Neudecker und Manager Schwan die Mannschaft mit den wichtigsten Spielern Mauer, Maus, Waitl und Kink (der als junger Spieler vom SC Riessersee nach München gekommen war) für geschätzte 350.000 Mark nach Augsburg verkauft. Die anderen (u.a. Groß und von Thun) gingen nach Rosenheim, während sich der Rest in alle Himmelsrichtungen verstreute. Später gestand der FC Bayern ein, mit dem Verkauf der Eishockeyabteilung einen großen Fehler begangen zu haben. Zu spät: Das Münchner Eishockey musste wieder von vorn beginnen.

Arno Nahler

Rechtsaußen Axel von Thun (Foto) war Mitglied der legendären Sturmreihe mit Michael Mauer und Peter Maus, die den FC Bayern 1967 in die Bundesliga schoss. Das aus Berlin stammende Trio hatte es auf unterschiedliche Art und Weise nach München verschlagen: Während von Thun 1961 aus dem Stadtteil Lichterfelde nach Bayern übergesiedelt war, flüchteten die beiden ehemaligen DDR-Nationalspieler Mauer und Maus kurz darauf über Schweden in die Bundesrepublik. Später spielten die drei Berliner auch für den EHC 70.

Er begann seine erfolgreiche Trainerkarriere 1966 in München: Dr. Jano Starsi, 73-facher tschechoslowakischer Nationalspieler und Dozent an der Universität von Bratislava, führte den FC Bayern auf Anhieb in die Bundesliga. 1976 und 1977 gewann er als Nationaltrainer der ČSSR den WM-Titel, 1981 mit dem SC Riessersee und 1989 mit dem SB Rosenheim die Deutsche Meisterschaft.

Mitverantwortlich für den Aufschwung des Münchner Eishockeys war der Bau der Eissporthalle auf dem Oberwiesenfeld, die im Februar 1967 eröffnet wurde. 7.000 Zuschauer drängten sich beim ersten Spiel des FC Bayern gegen den SC Riessersee (3:3) auf den Rängen des damals mit Abstand modernsten Eisstadions in Deutschland. Die Halle wurde anschließend in das Gelände des Olympiaparks integriert und bei den Sommerspielen 1972 für Boxkämpfe genutzt.

3

EHC 70

Nachdem der FC Bayern seine Eishockeyabteilung aufgelöst hatte, fanden die Puckjäger beim neu gegründeten EHC 70 eine Heimat. Innerhalb von elf Jahren gelang dem Verein der Durchmarsch von der untersten Spielklasse in die Bundesliga. Hier bejubelt Verteidiger Paul Sommer (rechts) einen seiner zahlreichen Treffer in der Aufstiegssaison 1979/80. Sein Mannschaftskamerad Georg Herrmann freut sich mit ihm. Aufgrund der im Münchner Eishockey obligatorischen finanziellen Probleme schlitterte der Verein im Frühjahr 1982 in den Konkurs.

Nach dem unrühmlichen Ende der Eishockeyabteilung des FC Bayern musste wieder ganz von vorn begonnen werden. Der Alt-Internationale und Vorsitzende des MEV, Franz Widmann, tat sich dabei als Motor beim Wiederaufbau einer Mannschaft besonders hervor. Aus den Überresten der FC-Bayern-Jugend wurde 1969 ein Team gebildet, das sich nach dreimaligem Aufstieg 1975 bis in die Oberliga hocharbeiten konnte. Wie so oft, gelang es dem Münchner Eishockey aber nicht, alle Kräfte zu bündeln, weshalb 1970 ein zweiter Club gegründet wurde, der dem MEV mächtig Konkurrenz machte: der EHC.

Bei diesem neuen Verein war der Hotelier Bruno Lettl mit dem Ex-Spieler und späteren Trainer Max Kornexl die treibende Kraft. Auch der EHC 70 musste natürlich ganz unten beginnen, erwies sich jedoch im Laufe der Jahre als der erfolgreichere Münchner Klub. So belegte der EHC in der Saison 1974/75 den ersten Platz in der Oberliga Süd und scheiterte nur ganz knapp am Aufstieg in die 2. Bundesliga. Dagegen reichte es für den MEV nur zum neunten Rang. Ein Jahr später fehlte dem EHC 70 gegen Landsberg nur ein mickriges Tor zum Aufstieg, der dann am grünen Tisch durch die Aufstockung der 2. Bundesliga doch noch gelang. Und endlich siegte im Münchner Eishockey die Vernunft: Der MEV rang sich zu einer Fusion mit dem EHC 70 durch.

Groß war zu Beginn der Saison 1976/77 die Euphorie nach dem unerwarteten Aufstieg, zumal man sich mit Spitzenspielern wie Toni Pohl, Gerhard Baldauf (beide DEG) und Günter Magura (Landshut) verstärken konnte. Noch größer aber war die Enttäuschung, als der EHC 70 nur den neunten Platz belegte. Doch es kam noch schlimmer: In der Saison 1977/78 wurde das Team Letzter. Drei Punkte und 406 Gegentore in 42 Spielen waren genauso ein Negativrekord wie die 200 Zuschauer, die den Dauerverlierer noch sehen wollten. Obwohl sportlich abgestiegen, durfte der EHC 70 nach der Aufstockung der 1. Bundesliga in der 2. Liga bleiben. Die Rettung nahte in Form von Jochen Erlemann. Der Abschreibungsspezialist und Präsident des Bundesligisten Kölner EC hatte die Idee, durch Investitionen in Sportvereine Steuern zu sparen und gründete die Blue Lions GmbH. Zusammen mit dem neuen EHC-70-Vorsitzenden Horst Franke stellte er endlich ein konkurrenzfähiges Team auf die Beine: Im Gehäuse stand fortan der tschechoslowakische Weltklassetorwart Jiri Holecek, und mit Paul Sommer, Georg Herrmann, Gerhard Graf und Max Fedra zog es weitere Bundesligaspieler in die ehemalige Eishockeyprovinz München. Die zweite Ausländerposition belegte der Kanadier Cal Russel. Der Erfolg stellte sich sehr schnell ein: Zuschauer strömten wieder in die Eishalle, und am Saisonende stand ein respektabler dritter Platz.

„Phönix aus der Asche oder das Eishockeywunder EHC 70“, titelte die Münchner Presse im Oktober 1979. Was war geschehen? Der Topfavorit – verstärkt u.a. mit dem Kanadier Doug Morton – schwächelte zunächst bedenklich. Da zog Präsident Franke die Reißleine und ersetzte an der Bande Max Kornexl durch Heinz Zerres. Und der aus Nürnberg gekommene Coach schaffte es mit harter Hand, das Team nach vorn zu bringen. Am 30. März 1980 war es endlich soweit: Trotz einer 2:3-Niederlage in Schwenningen zog der EHC 70 dank des besseren direkten Vergleichs gegenüber den Gastgebern in die Bundesliga ein.

Dort häuften sich allerdings die Probleme: Geldgeber Erlemann verlor die Lust an seinem „Spielzeug“ Eishockey und zog sich zurück, die Aufstiegsmannschaft fiel auseinander. In Alexander Merkl wurde zwar ein Mäzen gefunden, den die Bundesligasaison rund zwei Millionen Mark kostete. Die wie in einem Gemischtwarenladen aus drei Finnen (Trainer Seppo Liitsola, Jorma Valtonen und Seppo Repo) und zahlreichen gestandenen Bundesligacracks (Georg Kink, Wolfgang Rosenberg, Walter Stadler, Klaus Mangold und Ernst Adlmaier) zusammengestellte Mannschaft konnte jedoch die Klasse nicht halten. 1981 ging es in der 2. Bundesliga Süd mit Ex-Trainer Heinz Zerres und dem tschechoslowakischen Angreifer Jiri Kochta vom EV Landshut weiter. Zwar gelang dem EHC 70 noch die Qualifikation für die Aufstiegsrunde zur Bundesliga, dort trat er jedoch nicht mehr an und ging in Konkurs. So verschwand der Verein zwölf Jahre nach seiner Gründung sang- und klanglos in der Versenkung. Grund, wie so oft in Münchens Eishockeygeschichte, war das fehlende Geld.

Arno Nahler

Einen packenden Zweikampf mit dem EV Landsberg um den Zweitligaaufstieg lieferte sich der EHC 70 in der Saison 1975/76. Nachdem die Münchner die Oberliga-Hauptrunde und Aufstiegsrunde mit insgesamt nur sechs Minuspunkten als Erste abgeschlossen hatten, zogen sie in den Aufstiegs-Endspielen gegen die Lechstädter knapp den Kürzeren (3:5 und 5:4). Kapitän Michael Mauer (ganz links) nimmt die Auszeichnung für die Oberliga-Vizemeisterschaft in Empfang.

Allen Grund zum Jubeln hatten Johann Eimannsberger, Doug Morton, Gerhard Graf und Paul Sommer in der Saison 1979/80, die sie mit dem Aufstieg in die Bundesliga abschlossen. Während Morton zum Torjäger und Publikumsliebling avancierte, schaffte Verteidiger Sommer das Kunststück, von Bundestrainer Hans Rampf als Zweitliga-Spieler in die Nationalmannschaft berufen zu werden. 27 Jahre später, in der Saison 1995/96, wirkte Sommer kurzzeitig als Trainer des ESC München.

Zum Glücksgriff für das Münchner Eishockey wurde der erst 32 Jahre alte Trainer Heinz Zerres (links, im Dialog mit Schiedsrichter-Legende Bernd Schimki). Während der Saison 1979/80 wechselte der Franke als Nachfolger von Max Kornexl (dieser konzentrierte sich fortan auf seinen Job als technischer Leiter) von der SG Nürnberg zum EHC 70 und führte die Mannschaft auf Anhieb zum Bundesligaaufstieg. Für das Oberhaus sei er jedoch zu unerfahren, befand die Vereinsführung, und Zerres wechselte nach Berlin.

Nicht nur einen Trainerwechsel, sondern auch einen Tausch auf den Ausländerstellen nahm der EHC 70 nach dem Bundesligaaufstieg vor. Für Torhüter Jiri Holecek und Angreifer Doug Morton brachte Headcoach Seppo Liitsola seine finnischen Landsleute Jorma Valtonen und Angreifer Seppo Reppo (hier im Bild) mit an die Isar. Obwohl Ex-Nationalspieler Reppo mit 62 Scorerpunkten (30 Tore) in 44 Spielen nicht enttäuschte und zum Münchner Topscorer avancierte, konnte er den sofortigen Wiederabstieg nicht verhindern.

Ein Oldie und ein Youngster: Der 31 Jahre alte Ex-Nationalspieler Georg Kink (links, 45 Länderspiele) kehrte nach dem Bundesliga-aufstieg von der Düsseldorfer EG nach München zurück und traf dort auf den neun Jahre jüngeren Torhüter Josef Schlickenrieder, der gerade erst am Anfang seiner Karriere stand, in deren weiterem Verlauf er 43 Länderspiele absolvierte.

In der Zwickmühle: Mit vereinten Kräften gelang es den EHC-70-Cracks Ernst Adlmeier (links) und Georg Kink (rechts) in dieser Szene, den deutschen Jahrhundertspieler Erich Kühnhackl vom EV Landshut zu stoppen. Die Münchner trotzten dem großen Favoriten aus Niederbayern am 33. Spieltag immerhin ein 3:3 ab. In seinem Größenwahn träumte EHC-70-Präsident Alexander Merkel sogar von einer Verpflichtung Kühnhackls. Der „Lange" gab dem Bundesliga-Aufsteiger jedoch einen Korb.

Die Mannschaft des EHC 70 mühte sich in der Saison 1980/81 nach Leibeskräften, konnte aber den sofortigen Bundesligaabstieg nicht vermeiden. Viele später bekannte Persönlichkeiten des deutschen Eishockeys spielten damals in der Mannschaft des finnischen Trainers Seppo Li-

itsola (mittlere Reihe, ganz links): Georg Kink (rechts daneben), Klaus Mangold (Vierter von links), Walter Stadler (rechts daneben), Max Fedra (hintere Reihe, Zweiter von rechts), Dieter Medicus (sitzend, Dritter von links) und Josef Schlickenrieder (ganz rechts).

Treibende Kraft und einer der größten Förderer des Münchner Eishockeys war Horst Franke. Nach seiner Präsidentschaft beim EHC 70 hob der Fruchtgroßhändler den Nachfolgeverein EC Hedos als Sportwart mit aus der Taufe und stand später auch dem ESC und EHC als Berater zur Verfügung. Sein Stiefsohn Daniel Schury ging erfolgreich für den ESC und EHC auf Torejagd.

4

EC Hedos

Seine schönste Zeit erlebte das Münchner Eishockey beim EC Hedos. Ende der Achtziger-, Anfang der Neunzigerjahre waren Eintrittskarten (vor allem eine für die Nordkurve, wie die hier abgebildete) sehr begehrt. Mit dem Vereinsnamen sorgten die Gründer im Dezember 1982 für ein Novum im deutschen Eishockey: Hedos war nicht nur das griechische Wort für Freude, sondern auch der Name einer Skimodenfirma des Münchner Unternehmers und Hedos-Mitbegründers Roland Holly – das Namenssponsoring war geboren.

Als das Münchner Eishockey nach der Pleite des EHC 70 am Boden war, wurde von Eishockey-Begeisterten wie Horst Franke, Rudolf Schmaderer, Professor Alfred Doenicke und Geldgeber Roland Holly im Dezember 1982 der EC Hedos aus der Taufe gehoben. Als Aufbauhelfer der größtenteils aus Juniorenspielern bestehenden Mannschaft engagierten sie den letzten Star des EHC 70, den mittlerweile 37-jährigen Tschechoslowaken Jiri Kochta, als Spielertrainer. Mühelos marschierte der EC Hedos durch Landes- und Bayernliga.

Auch die Vorrunde der Regionalliga Süd schlossen die mittlerweile mit dem kanadischen Torhüter Brian Ashton verstärkten Münchner als Erster ab und stiegen dank des gewonnenen direkten Vergleiches gegenüber dem Deggendorfer SC in die Oberliga auf. Den Verantwortlichen war dies jedoch nicht souverän genug: Jiri Kochta wurde gefeuert. Hauptsponsor Holly erklärte sich daraufhin solidarisch und zog sich zurück. Die Saison 1986/87 verlief alles andere als wunschgemäß: Der 39 Jahre alte Kanadier Dany Lawson war ein Flop, Trainer Eduard Derkitz wurde rasch durch Holger Ustorf ersetzt und der angepeilte Aufstieg in die 2. Bundesliga sportlich klar verpasst. Da jedoch mit Augsburg und Selb zwei Zweitligisten Konkurs meldeten und Sonthofen auf den Aufstieg verzichtete, rückte der EC Hedos nach.

1987 setzte sich der Aufschwung aus den Anfangsjahren fort. Mit Scott McLeod und Doug Morrison wurde ein kongeniales Sturmduo verpflichtet, das die Massen begeisterte. Der Zuschauerschnitt steigerte sich auf rund 5.000 pro Heimspiel. Der teure Kader mit den Deutsch-Kanadiern Michael und Robert Heidt, Steve McNeil und dem schwedischen Trainer Ulf Sterner war jedoch eine Geldvernichtungsmaschine und riss ein Loch in die Kasse. Sportwart Franke und Präsident Doenike mussten gehen, neuer Mann an der Spitze wurde Dr. Berthold Jakob. Der ebenfalls neue Manager Franz Hofherr holte Trainer Jiri Kochta zurück an die Isar, dem 1989 mit leicht abgespecktem Kader am letzten Spieltag der Bundesligaaufstieg gelang.

Danach wurde ein für viele Fans nicht nachvollziehbarer personeller Schnitt vollzogen: Kochta musste erneut gehen, ebenso wie die Publikumslieblinge Morrison und McLeod. Aber auch ihre Nachfolger Ken Berry und Dale Derkatch hatten es in sich. Trainer Anders Nordin erntete als ausgewiesener Fachmann Respekt. Höhepunkt der ersten Bundesligasaison war zweifellos der Umzug in die große Olympiahalle, wo 11.000 Zuschauer einen 4:2-Derbysieg gegen Landshut und die Play-off-Qualifikation bejubelten. In der ersten Runde war allerdings gegen die DEG Endstation. Gar den siebten Rang belegte der EC Hedos in seiner zweiten Bundesligasaison 1990/91 unter Trainer Curt Lindström, der dem nach nur einem Jahr in seine schwedische Heimat zurückgekehrten Landsmann Nordin folgte. Getrübt wurde die Saison allerdings durch erneuten Ärger hinter den Kulissen: Präsident Jakob wurde vorgeworfen, sich aus der Klubkasse bereichert zu haben. Seine Nachfolge übernahm Fuhrunternehmer Andreas Gneißl.

Einen Rückschlag gab es in der Spielzeit 1991/92, die von zwei Trainerwechseln begleitet wurde. Nach verpatztem Saisonstart wurde Curt Lindström durch den Tschechen Franta Kaberle ersetzt, der wiederum seinem Landsmann Pavel Volek Platz machen musste. Erst in der Abstiegsrunde gegen Weißwasser gelang der Klassenverbleib. Der Abstieg hätte den Verein schwer in die Bredouille gebracht, denn für die folgende Spielzeit 1992/93 hatte man frühzeitig mit den Nationalspielern Dieter Hegen, Gerd Truntschka, Karl Friesen, Raimond Hilger und Georg Franz sowie dem ehemaligen Kölner Meistertrainer Hardy Nilsson aufgerüstet. Unter dem Schlagwort „Bavarian Dream Team" geriet die Saison mit dem vierten Platz und dem Play-off-K.o. im Viertelfinale gegen Mannheim jedoch zu einem Fiasko.

„Hopp oder topp" hieß dann die Devise für die folgende Saison: Eberhard Jülicher übernahm als Präsident das Ruder, Ex-Nationalspieler Walter Stadler wurde neuer Manager. Der Kader wurde mit den eingebürgerten Kanadiern Wally Schreiber und Gordon Sherven, Rückkehrer Dale Derkatch sowie dem russischen Weltmeister Sergej Schendelew noch einmal verstärkt. Die Vorrunde beendete das Team, das vor durchschnittlich 5.200 Zuschauern begeisterndes Eishockey spielte, knapp hinter der DEG als Zweiter. Nach Play-off-Erfolgen gegen Mannheim und gegen Köln sowie im Finale gegen Düsseldorf war der EC Hedos am Ziel seiner Träume angelangt: Nach 72 Jahren trug sich München wieder in die Liste der Deutschen Meister ein.

Letzter Star des EHC 70 und erster Star des EC Hedos war der ehemalige tschechoslowakische Nationalspieler und Weltmeister von 1972, Jiri Kochta. Der Prager kam 1981 vom EV Landshut in die bayerische Landeshauptstadt und ließ als Spielertrainer beim EC Hedos (1983 bis 1986) seine aktive Karriere ausklingen. Nach dem Durchmarsch von der Landesliga in die viertklassige Regionalliga wurde er aufgrund von Dissonanzen mit der Vereinsführung gefeuert und durch den Rosenheimer Eduard Derkitz ersetzt.

Nach dem Zweitligaaufstieg 1987 am grünen Tisch begann beim EC Hedos das Aufrüsten mit großen Namen. Bekannteste Neuverpflichtung war der 177-fache Nationalspieler und Bronzemedaillengewinner bei Olympia 1976, Ignaz Berndaner. Das Garmisch-Partenkirchener Verteidiger-Idol, zuvor 16 Jahre lang in der ersten Mannschaft des SC Riessersee aktiv, beendete seine Laufbahn beim EC Hedos, für den er fünf Jahre, bis 1992, spielte.

Vom künftigen Zweitliga-Konkurrenten SV Bayreuth wurde im gleichen Jahr Trainer Ulf Sterner (rechts) abgeworben, der seine Frau Pia als Konditionstrainerin mitbrachte. Albert Riedl (Mitte), Vorstand von Hauptsponsor Löwenbräu, begrüßte den Schweden, der 1964 als erster europäischer Spieler den Sprung in die NHL geschafft hatte. Sein Gastspiel bei den New York Rangers war damals allerdings nach nur vier Spielen wieder beendet. Nicht viel länger dauerte das beim EC Hedos: Im Laufe der Saison wurden die beiden Sterners gefeuert.

Ebenfalls vom SV Bayreuth wurde im Dezember der überragende Verteidiger der 2. Bundesliga, Mike Heidt, abgeworben. Der gebürtige Kanadier, wenige Tage zuvor zum Deutschen geworden, brachte vom klassentieferen SC Deggendorf seinen jüngeren Bruder Robert, ebenfalls Neu-Deutscher, mit. Wie später herauskam, wurde Heidt mit 7.500 Mark netto pro Partie fürstlich entlohnt. Nach Saisonende verließ er die Münchner allerdings zum Schwenninger ERC in die Bundesliga.

Ein Mittelstürmer mit Sinn fürs Showelement war der 1987 vom Augsburger EV gekommene Scott McLeod. Innerhalb kürzester Zeit schaffte es der Kanadier, der gemeinsam mit seinem kongenialen Landsmann Doug Morrison und dem Garmisch-Partenkirchener Georg Kislinger die Paradereihe bildete, zum Kultspieler. In seinen beiden Münchner Jahren kam McLeod auf beeindruckende 319 Scorerpunkte (125 Tore) in 107 Einsätzen und war 1989 maßgeblich am Bundesligaaufstieg beteiligt.

Lange Gesichter und Dank ans Publikum gab es nach dem letzten Heimspiel der Saison 1988/89 (im Vordergrund Torjäger Scott McLeod). Mit einer 6:7-Niederlage gegen den ESV Kaufbeuren hatten die Münchner scheinbar den angepeilten Aufstieg verspielt. Zwei Tage später trat jedoch das nicht mehr für möglich gehaltene Eishockey-Wunder ein: Kaufbeuren verpatzte seine Pflichtaufgabe zu Hause gegen Krefeld mit 2:3, der EC Hedos gewann 9:4 in Nürnberg und stieg doch noch in die Bundesliga auf.

Die Saisonabschlussreise 1989 führte den EC Hedos nach Al Ain in den Vereinigten Arabischen Emiraten. Der vermögende Scheich Bin Tahnoon Al Nahyan (rechts) war während eines München-Aufenthalts zum Eishockeyfan geworden und ließ in seiner Heimat mitten in der Wüste ein Stadion errichten. Als Gegner für zwei Showspiele wurde der SV Bayreuth mitgenommen. Hedos-Präsident Berthold Jakob (Mitte) buhlte vergeblich um finanzielle Unterstützung des Öl-Millionärs, der rasch wieder das Interesse am Pucksport verlor.

Kein anderer Manager polarisierte die Fans derart wie der aus Garmisch-Partenkirchen stammende Franz Hofherr. Für die einen war der ehemalige Nationalspieler (24 Länderspiele) und Bundesligaprofi (Riessersee, Köln) mitverantwortlich für den rasanten Aufstieg an die Bundesligaspitze. Andere indes kreideten Hofherr, der von 1988 bis 1993 für den EC Hedos arbeitete, falsche Personalentscheidungen an, aufgrund derer der Klub finanziell immer mehr in die Schieflage geriet.

Opfer von Hofherrs umstrittener Personalpolitik wurde Torjäger und Publikumsliebling Doug Morrison, der mit 136 Scorerpunkten (73 Tore) in 54 Spielen maßgeblich am Bundesligaaufstieg des EC Hedos beteiligt war, danach allerdings weichen musste. Im Dreierpack mit Trainer Jiri Kochta und seinem Nebenmann Scott McLeod wechselte der Kanadier, der zwei Jahre lang in München gespielt hatte, zum HC Meran nach Italien.

Mit der Verpflichtung von Doug Berry als Nachfolger von Morrison gelang Manager Franz Hofherr ein Glücksgriff. In vier Bundesliga-Spielzeiten für den EC Hedos erzielte der Angreifer, der 1988 bei den Winterspielen in Calgary zum kanadischen Olympiateam gehörte, 155 Scorerpunkte (82 Tore) in 164 Spielen. Im Winter 1998/99 kehrte Berry nach München zurück und absolvierte für den HC 98 eine Partie in der Bezirksliga: Gegen den USC München steuerte er binnen vier Minuten drei Treffer zum 13:4-Sieg bei.

Erst Anders Nordin, dann Curt Lindström – nach dem Bundesligaaufstieg setzte Hedos auf der Trainerposition auf die „schwedische Karte“. Der ehemalige Nationaltrainer Schwedens arbeitete von Sommer 1990 bis Mitte der Saison 1991/92 in München, ehe er wegen Erfolglosigkeit entlassen wurde. 1995 führte Lindström die finnische Nationalmannschaft zu ihrem ersten WM-Titel und gab in der Saison 1999/2000 noch ein kurzes DEL-Gastspiel bei den Hannover Scorpions.

Mit der Verpflichtung der beiden Birk-Brüder Harald (hier im Bild) und Klaus vom Halbfinalisten Berliner SC Preussen gelang dem EC Hedos 1991 ein viel beachteter Transfer. Der 36-fache Nationalspieler und zweifache WM-Teilnehmer Harald Birk galt seinerzeit als einer der besten Techniker im deutschen Eishockey. Harald und Klaus waren nicht die einzigen der aus Kaufbeuren stammenden Familie, die in München spielten: Ihr älterer Bruder Hans hatte einst das Trikot des EHC 70 getragen. Seit 2003 arbeitet Harald Birk als Berater beim EHC München.

Der EC Hedos war Gesprächsthema in der Stadt. Immer mehr Prominente und „Schicki-Mickis“ fanden Gefallen am Eishockey. Sogar der für Iphitos München spielende Wimbledon-Sieger von 1991, Michael Stich (links), ließ es sich nicht nehmen, sich von Hedos-Ass Dan Hodgson in die Geheimnisse des Pucksports einführen zu lassen. Als Nachfolger des spektakulär spielenden Publikumslieblings Dale Derkatch wurde der eher mannschaftsdienlich agierende Hodgson oft unterschätzt.

Mit ihren 6.200 Zuschauerplätzen war die Olympia-Eissporthalle dem Publikumszuspruch längst nicht mehr gewachsen. Immer mehr Fans kamen vom Fußball (in erster Linie vom kriselnden TSV 1860 München) zum Eishockey und sorgten dafür, dass der EC Hedos die Löwen in der Zuschauergunst überflügelte. Zwischen 1990 und 1993 wurden zahlreiche Partien in die 11.500 Zuschauer fassende Olympiahalle verlegt, die auch mehrmals „restlos ausverkauft“ meldete.

Es war der Transfercoup Anfang der Neunzigerjahre im deutschen Eishockey: Mit den Nationalspielern Dieter Hegen (links) und Gerd Truntschka (rechts) warb Hedos-Präsident Eberhard Jülicher in seinem Größenwahn 1992 die beiden Stars vom Abonnement-Meister Düsseldorfer EG ab. Ziel der Vereinsführung war es, die besten bayerischen Spieler in München zu konzentrieren. Hegen und Truntschka sollen für ihre Dienste mit einem Nettosalär von 450.000 Mark entlohnt worden sein.

Des einen Freud' war des anderen Leid. Nachdem der SB Rosenheim nach einem Streit mit dem Oberbürgermeister um den Stadionausbau seine Mannschaft 1992 aus der Bundesliga zurückgezogen hatte, lotste der EC Hedos gleich vier SBR-Stars in die Landeshauptstadt: Neben Rückkehrer Anthony Vogel waren dies die Nationalspieler Georg Franz, Raimond Hilger und Karl Friesen (im Foto). Der aus Winnipeg stammende Deutsch-Kanadier war neben Jiri Holecek und Boris Rousson wohl der beste Torhüter, der jemals in München spielte.

Im Sommer 1993 wurden Mannschaft und Trainerstab weiter gezielt verstärkt: Headcoach Hardy Nilsson (ganz rechts) freute sich bei der Saisonauftaktfeier im Eislaufzelt über seinen neuen Assistenten Pavel Volek aus Landshut, Jan Benda aus Freiburg, Tobias Abstreiter aus Landshut, Zdenek Travnicek aus Bayreuth und Daniel Kunce aus Kaufbeuren (von rechts). Abstreiter und Kunce waren damals bereits aktuelle Nationalspieler, Benda sollte es im Laufe der Saison werden.

Eine gigantische Menschenmenge auf dem Marienplatz: Mit 3:0 Siegen gegen Titelverteidiger Düsseldorfer EG hatte der EC Hedos die Play-off-Finalserie um die Deutsche Meisterschaft 1994 für sich entschieden. Rund 10.000 Fans jubelten der Mannschaft bei der Meisterfeier auf dem Balkon des Rathauses zu. Trainer Hardy Nilsson und Kapitän Gerd Truntschka präsentieren den Meisterpokal. Verteidiger Christian Lukes (ganz links) kann den Auflauf kaum glauben.

EC Hedos München 1993/

Die Meistermannschaft des EC Hedos von 1994 posiert vor der immer noch beeindruckenden Zeltdachkonstruktion des Münchner Olympiaparks. Hintere Reihe von links: Tobias Abstreiter, Anthony Vogel, Wally Schreiber, Andreas Volland, Raner Lutz, Zdenek Travnicek, Ewald Steiger, Dale Derkatch und Materialwart Alfred Bauer. Mittlere Reihe: Gordon Sherven, Jan

Benda, Mike Schmidt, Greg Müller, Daniel Kunce, Sergej Schendelew, Christian Lukes, Florian Storf und Materialwart Erhard Schwalb. Vorn: Peter Zankl, Raimond Hilger, Gerd Truntschka, Co-Trainer Pavel Volek, Manager Walter Stadler, Trainer Hardy Nilsson, Georg Franz, Dieter Hegen und Karl Friesen.

Gegenwart und Zukunft: Die Mutation zu den Maddogs im Sommer 1994 machte der in die Jahre gekommene Hedos-Kapitän Gerd Truntschka (Mitte) nicht mehr mit. Der Mittelstürmer schaffte es als einer von wenigen Sportlern, auf dem Höhepunkt seiner Laufbahn, nach dem Gewinn seines siebten Meistertitels, abzutreten. Von den Fans wurde der 35-Jährige mit einer Ehrentafel verabschiedet. Rechts im Bild trägt Fanclub-Vorsitzender Torsten Friedrich bereits das neue Vereinslogo zur Schau.

5

Maddogs

Die Maddogs München (hier Präsident und Geschäftsführer Eberhard Jülicher mit dem Vereinslogo) schrieben das unrühmlichste Kapitel in der Münchner Eishockeygeschichte. Nach Gründung der Deutschen Eishockey Liga (DEL) im Frühjahr 1994 sollte der Profi-Spielbetrieb aus dem hoch verschuldeten Stammverein EC Hedos in die Maddogs München GmbH ausgelagert werden. Doch nur drei Monate nach Saisonbeginn zogen sich die „Verrückten Hunde“ wieder aus der DEL zurück.

Seit Ende der Achtzigerjahre wurde der EC Hedos immer wieder mit finanziellen Problemen in Verbindung gebracht. Im Frühjahr 1988 musste der Verein erstmals abspecken, nachdem er in der Saison zuvor eine sündhaft teuere Mannschaft mit Spitzenverdienern wie dem Deutsch-Kanadier Michael Heidt oder dem schwedischen Trainer Ulf Sterner an den Start geschickt hatte. Schon damals soll die Schuldenlast rund eine Million Mark betragen haben. Nur mit Hilfe von Sponsoren konnte sich der Verein über den einnahmelosen Sommer retten. Die Saison 1992/93, die ebenfalls mit einem teuren Kader sportlich im Fiasko endete, verschärfte die Lage. Vor allem die Kosten für die sich häufenden Umzüge in die Olympiahalle, in der neun Heimspiele ausgetragen wurden, rissen ein weiteres Loch in die Vereinskasse.

In der Saison 1993/94 kam es zur Eskalation. Die Meisterschaft war, wie sich im Nachhinein herausstellte, teuer erkauft. Der während der Play-offs entlassene Manager Walter Stadler (Im Büro des Ex-Nationalspielers wurde eine Mannschaftsliste der Frankfurt Lions für die kommende Saison gefunden, auf der Spielernamen des EC Hedos standen) stellte wegen angeblich nicht erfolgter Gehaltszahlungen in Höhe von 150.000 Mark Konkursantrag. Zuvor hatten schon die Spieler auf Teile ihrer Gehälter und Prämien verzichtet. Um den hoch verschuldeten Stammverein finanziell nicht noch weiter zu belasten, sollte zur Saison 1994/95 der Profi-Spielbetrieb in die neue Maddogs München GmbH ausgelagert werden, die aus Hedos-Präsident Eberhard Jülicher als Geschäftsführendem Gesellschafter sowie dessen Frau Christine Jülicher als weiterer Gesellschafterin bestand. Die Personalausgaben wurden durch das Karriereende von Gerd Truntschka und die Abgänge von Stars wie Raimond Hilger, Georg Franz, Jan Benda und Wally Schreiber sowie Trainer Hardy Nilsson (der Nationaltrainer in der Schweiz wurde) um 1,4 Millionen Euro reduziert.

Allerdings stand das Kapitel Maddogs vom ersten Tag an unter einem schlechten Stern: Den Lizenzantrag für die neue Profiliga DEL stellte Jülicher am 30. Mai 1994 um 23.50 Uhr – zehn Minuten vor Ablauf der Meldefrist. Die Aufnahme der neuen Kapitalgesellschaft ins Handelsregister des Amtsgerichtes München wurde wegen des fehlenden Nachweises der Minesteinlage von 25.000 Mark verweigert. Dadurch blieben sowohl die Altlasten als auch die sich neu auftürmenden Schulden auf dem Stammverein EC Hedos lasten, was schließlich zu dessen Zusammenbruch führte. Obwohl sich die vom Kanadier Bob Murdoch trainierte Mannschaft den Umständen entsprechend hervorragend verkaufte (das DEL-Eröffnungsspiel bei den Augsburger Panthern wurde 6:1 gewonnen, zwischenzeitlich führte man sogar die Tabelle an), war das Zuschauerinteresse rückläufig. Die Hoffnung auf Einnahmen durch das Merchandising mit dem neuen, attraktiven Maddogs-Logo erfüllte sich ebenso wenig wie die auf neue Sponsorengelder. Nachdem Jülicher bei Verhandlungen um die Trikotbrust einen Textilhersteller und eine Bierbrauerei gegeneinander auszuspielen versuchte, stand er am Ende ganz ohne Geldgeber da.

Am 2. November trat der umstrittene Präsident zurück und verschwand von der Bildfläche. Beirats-Vorsitzender Adam Jakob versuchte mit Hilfe von Gerd Truntschka als neuem Manager zu retten, was noch zu retten war – doch vergeblich. Die Altlasten waren einfach zu hoch. Nachdem die Spieler seit Monaten kein Gehalt mehr gesehen hatten, verließ im November Dieter Hegen (zurück zur DEG) als Erster das sinkende Schiff. Am Morgen des 20. Dezember 1994, zwei Tage nach einem 3:3-Unentschieden nach Verlängerung in Nürnberg, meldete der Vereinsbeirat die Mannschaft vom Spielbetrieb der DEL ab. Zum Auswärtsspiel am gleichen Abend beim EV Landshut traten die Münchner nicht mehr an. Die Mannschaft zerstreute sich in alle Himmelsrichtungen und die neue Profiliga DEL hatte gleich in ihrer Premierensaison mit der Pleite des amtierenden Meisters ihren ersten Skandal. Im Januar 1995 musste der Stammverein EC Hedos den Gang zum Konkursrichter antreten. Von über 15 Millionen Mark an Steuerschulden, Bankverbindlichkeiten und Gehaltsrückständen war die Rede.

Mit der Verpflichtung von Trainer Robert Murdoch sorgten die Maddogs für einen Paukenschlag. Der damals 47 Jahre alte Kanadier war der erste Trainer im deutschen Oberhaus, der zuvor als Headcoach in der nordamerikanischen Profiliga NHL gearbeitet hatte. Zwischen 1987 und 1991 stand Murdoch bei den Chicago Blackhawks und Winnipeg Jets in Lohn und Brot. Nach dem Maddogs-Aus wechselte er noch während der Saison zu den Kölner Haien und führte diese zur Meisterschaft.

Selbst ist der Mann: „Sogar unsere Ausrüstung mussten wir uns am Ende selbst besorgen", sagte Christoph Sandner, hier beim Umwickeln seines Schlägers. Der gebürtige Landsberger, 1994 aus Rosenheim an die Isar gewechselt, ist neben Georg Kink und Franz Jüttner der Einzige, der für drei Münchner Clubs spielte. Glück hatte er allerdings bei keinem seiner Engagements: Mit den Maddogs schlitterte er in die Pleite, bei den Barons wurde 1999 sein Probevertrag nicht verlängert und beim EHC überwarf er sich 2006 mit dem Trainer und wurde zum Edelreservisten degradiert.

Obwohl sie sich in den 27 Spielen ihres Bestehens sportlich nicht schlecht verkauften und nach 17 Siegen den sechsten Tabellenplatz belegten, wurden die Maddogs vom Münchner Publikum nie akzeptiert. Leere Ränge (hier ein Blick von der Südkurve auf die Haupttribüne) prägten das Bild. Nur noch 3.833 Besucher kamen im Schnitt zu den zwölf Heimspielen – in der Vorsaison waren es 936 mehr gewesen. Die kühne Zuschauerkalkulation von 5.500 Zuschauern pro Heimspiel wurde gar um 1.667 verfehlt.

6

ESC

Nach dem Maddogs-K.o. übernahm 1995 der neu gegründete ESC München das Ruder im Münchner Eishockey. Starker Mann und treibende Kraft des Eissportclubs war der ehemalige Jugendleiter des EC Hedos, Franz Litzinger. Der Finanzberater und Sportartikelhändler setzte auf ein bodenständiges Team mit fast ausschließlich Spielern aus München und dem Umland. Nach vier Jahren machte der ESC als Oberligaaufsteiger Platz für das DEL-Retortenteam der München Barons. Noch heute besteht der ESC als Breitensportverein.

Im Frühjahr 1995, wenige Monate nach Auflösung der Maddogs, schlug der ESC München ein neues Kapitel in der Münchner Eishockeygeschichte auf. Der Verein ging aus dem Förderverein für den Hedos-Nachwuchs hervor, dessen Juniorenmannschaft sogar um den Aufstieg in die Bundesliga spielte und der so namhafte Spieler wie der spätere Nationalspieler Chris Straube oder der slowakische Internationale Michal Hreus angehörten. Sechs Hedos-Junioren (u.a. Stefan Gebhard und Marek Chudy) bildeten auch den Kern des ersten ESC-Teams.

Um nicht in der Bezirksliga, der untersten Spielklasse des bayerischen Landesverbandes, beginnen zu müssen, nutzte Präsident Franz Litzinger eine Lücke in den Statuten: Er bildete eine Spielgemeinschaft mit dem Landesligisten ASV Dachau, der seinen Spielbetrieb mangels Spielern einstellen wollte. Als Trainer fungierte der Dachauer Bedrich Rybak. Das erste Spiel in der ESC-Geschichte beim EV Dingolfing ging 2:8 verloren. In einem wenig erfreulichen Umfeld verliefen auch die ersten drei Heimspiele, die vor rund 250 Zuschauern im Dachauer Freiluftstadion ausgetragen wurden. Erst danach zog die SG ASV Dachau/ESC München ins Olympia-Eisstadion, in dem jedoch nur die Südkurve geöffnet wurde. Nachdem aber selbst gegen wenig attraktive Gegner wie TSV Waldkirchen, ERC Regen oder EV Bruckberg mehr als 1.000 Zuschauer kamen, wurde schon bald der Rest des Stadions freigegeben.

Die Landesliga-Vorrunde schloss die SG auf dem zweiten Tabellenplatz hinter Dingolfing ab. Für die Meisterrunde wurde die Spielgemeinschaft aus formaljuristischen Gründen aufgelöst, da eine solche nicht in die Bayernliga hätte aufsteigen dürfen. Genau dies war aber das Ziel des ESC, der das Team mit namhaften Spielern wie den Grzesiczek-Brüdern Engelbert und Reinhold, Torhüter Thomas Dahlem aus Erding und den Rosenheimern Walter Deisenberger und Vitus Mitterfellner verstärkte. Trainer Rybak wurde durch den ehemaligen Verteidiger des EHC 70, Paul Sommer, ersetzt. Der „Fall Mitterfellner" (siehe Seite 43) kostete den ESC allerdings die Teilnahme an der Aufstiegsrunde. Trainer Sommer wanderte nach einem Streit über die Siegprämien ab und wurde durch den Kanadier Chris Huntington ersetzt.

Einen Rekord für die Ewigkeit stellte der ESC in den kommenden beiden Spielzeiten 1996/97 und 1997/98 auf. Zwei Jahre blieb die mit ehemaligen DEL-Profis wie Patrick Lange und Sebastian Schwele verstärkte Mannschaft ungeschlagen. Den Zuschauern gefielen die teilweise zweistelligen Siege gegen Teams aus Mittenwald, Holzkirchen oder Ottobrunn. In Scharen pilgerten sie ins Stadion. Im Spiel der Landesliga-Meisterrunde gegen Bad Aibling wurde mit 4.800 Besuchern eine Bestmarke aufgestellt. Unter Trainer Helmut Bauer (der Deutsch-Kanadier hatte den entlassenen Huntington abgelöst) stieg die Mannschaft in die Bayernliga auf.

Auch dort war der ESC-Siegeszug nicht zu stoppen. Mit 14:0 Punkten und 54:17 Toren in der Vorrundengruppe Ost, ebenfalls 14:0 Zählern und 49:18 Toren in der Meisterrunde sowie 12:0 Punkten und 63:15 Toren in der Aufstiegsrunde schaffte das inzwischen von Peter Kathan betreute und mit den DEL-erfahrenen Christian Gerum, Franz-Xaver Ibelherr und Elmar Boiger sowie dem Finnen Mikka Kemppi und dem Kanadier Bob Crawford verstärkte Team den Durchmarsch in die viertklassige Regionalliga Süd (damals offiziell als 2. Liga Süd bezeichnet).

Nur vier Jahre nach dem Maddogs-Aus war München 1998 also wieder auf der bundesweiten Eishockey-Landkarte vertreten. Gleich am dritten Spieltag ging mit einem 1:4 in Kaufbeuren zwar die über zweijährige Erfolgsserie zu Ende, der ESC schlug sich aber auch hier achtbar und beendete die Vorrunde mit 79 von 138 möglichen Punkten hinter Bad Aibling und Peiting als Dritter. „Macher" Litzinger und Trainer Kathan setzten dabei voll auf die skandinavische Karte: Neben Kemppi nahmen dessen finnische Landsleute Sami Leinonen und Antti-Petteri Tirkkonen sowie der Schwede Joakim Lindgren die vier Ausländerstellen ein. Im Tor löste Junioren-Nationalspieler Alex Jung Routinier Dahlem ab. In der Oberliga-Qualifikationsrunde schaffte der ESC als Zweiter hinter dem EC Ulm/Neu-Ulm den dritten Aufstieg hintereinander. Etwas mehr als 2.000 Zuschauer kamen im Schnitt zu den Heimspielen.

Allerdings verzichtete der ESC auf den Oberligaaufstieg, um nicht in Konkurrenz zu den neuen München Barons zu treten. Die Mannschaft wurde vom Spielbetrieb abgemeldet und der ESC fungierte fortan als nachwuchstreibender Stammverein des DEL-Klubs.

Die Verpflichtung von Ex-Hedos-Crack Vitus Mitterfellner kostete den ESC 1996 die Teilnahme an der Bayernliga-Aufstiegsrunde. Der Angreifer hatte zuvor acht Spiele für die Star Bulls Rosenheim in der DEL bestritten und hätte demnach nicht mehr im Bereich des bayerischen Landesverbandes eingesetzt werden dürfen. Sämtliche mit Mitterfellner in der Landesliga-Meisterrunde erzielten Punkte wurden abgezogen, der ESC musste eine weitere Saison in der zweitniedrigsten Spielklasse an den Start gehen.

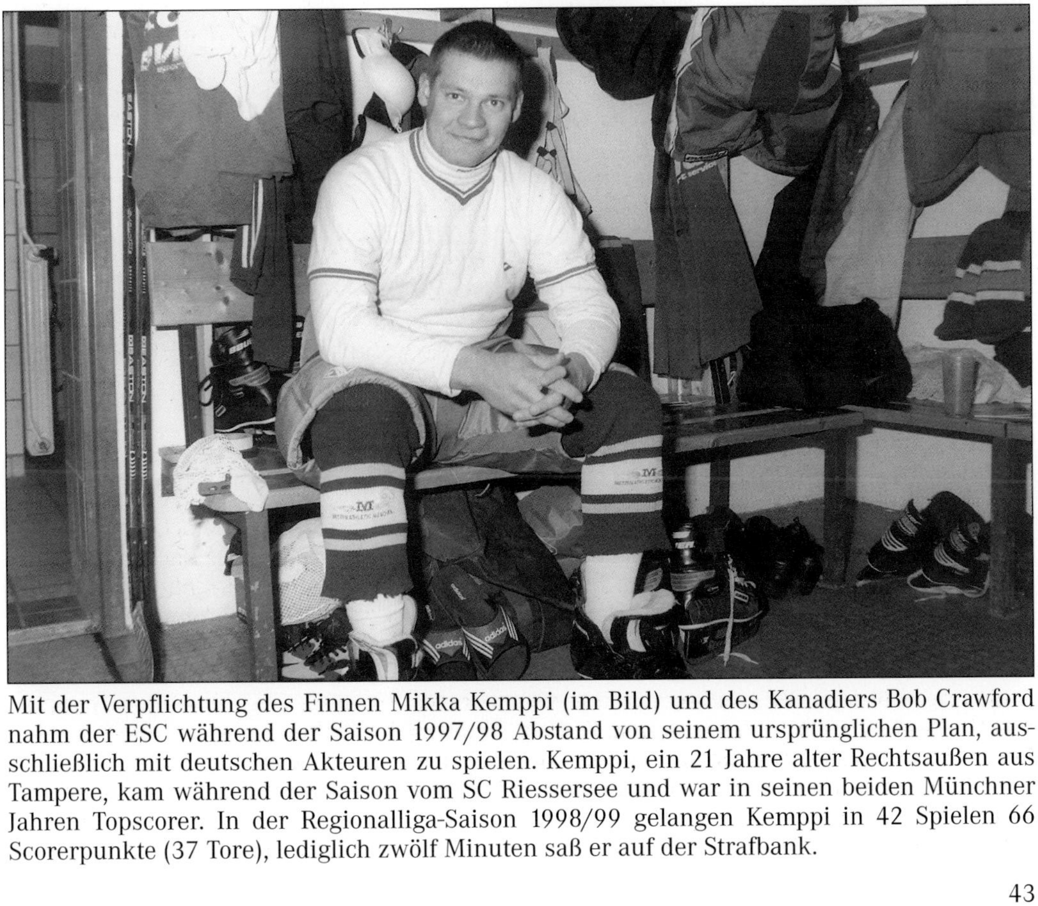

Mit der Verpflichtung des Finnen Mikka Kemppi (im Bild) und des Kanadiers Bob Crawford nahm der ESC während der Saison 1997/98 Abstand von seinem ursprünglichen Plan, ausschließlich mit deutschen Akteuren zu spielen. Kemppi, ein 21 Jahre alter Rechtsaußen aus Tampere, kam während der Saison vom SC Riessersee und war in seinen beiden Münchner Jahren Topscorer. In der Regionalliga-Saison 1998/99 gelangen Kemppi in 42 Spielen 66 Scorerpunkte (37 Tore), lediglich zwölf Minuten saß er auf der Strafbank.

Die Routiniers lassen ihren Erfolgstrainer hochleben: Peter Kathan (Mitte) führte den ESC von der Bayernliga über die Regional- in die Oberliga. Der Versicherungskaufmann aus Bad Tölz hatte zuvor u.a. den Zweitligisten in seiner Heimatstadt und den DEL-Klub Kaufbeurer Adler trainiert, später wurde er Frauen-Bundestrainer. Franz-Xaver Ibelherr (34, links) und Vitus Mitterfellner (36) tun sich reichlich schwer, den stämmigen Übungsleiter nach dem Aufstieg in die Oberliga zu schultern.

Ein Münchner Eishockey-„Urgestein" ist Daniel Schury. Der ehemalige Juniorenspieler des EC Hedos und Stiefsohn von Horst Franke, dem früheren Präsidenten bzw. Manager des EHC 70 und EC Hedos, kehrte 1997 vom Zweitligisten TSV Erding nach München zurück, wo er auf Anhieb die Funktion des Mannschaftskapitäns übernahm. Schurys Markenzeichen waren schon damals die für einen Angreifer ungewöhnliche Rückennummer 2 und das Schutzgitter.

Auf der Suche nach einer Anspielstation: Engelbert Grzesiczek war der erste von zahlreichen Cracks aus früheren Hedos-Jahren, die sich später dem ESC anschlossen. Der Verteidiger machte sogar als Einziger den kompletten Weg von der Landesliga in die Oberliga mit. Weitere ehemalige Hedos-Spieler, die das ESC-Dress trugen, waren Gerhard Graf, Leo Andysek, Marcel Lichnowsky, Andreas Ott, Peter Heinold, Franz-Xaver Ibelherr, Vitus Mitterfellner und Franz Jüttner.

La Ola mit den Fans: Fabian von Schilcher, Torhüter Alexander Jung, Routinier Vitus Mitterfellner und Marco Flügel bedanken sich bei den Fans für die lautstarke Unterstützung in der Saison 1998/99. Der aus der Füssener Nachwuchsschmiede stammende Jung, der an der Münchner TU ein Maschinenbaustudium absolvierte, avancierte auf Anhieb zum Publikumsliebling und wurde später bei der Düsseldorfer EG zum Nationalspieler.

Der bekannteste Akteur, der jemals das ESC-Trikot trug, war ohne Zweifel der 210-fache Nationalspieler Andreas Niederberger. Im Herbst 1998 überredete Trainer Peter Kathan den damals 35-jährigen Verteidiger zu einem Engagement in München. Niederberger willigte ein, um zum Ende seiner Karriere noch einmal unter seinem großen Förderer aus gemeinsamen Tölzer Tagen zu spielen und flog jeden Donnerstag von seinem Wohnort Düsseldorf nach München.

7

Barons

Von null auf hundert startete der Retortenklub München Barons durch. Gleich in seiner ersten DEL-Saison 1999/2000 gewann der von US-Investor Philip Anschutz finanzierte Klub die Deutsche Meisterschaft. Hier stemmt Nationalspieler Alexander Serikow (links) den Meisterpokal in die Höhe, seine Teamkameraden Heiko Smazal, Thomas Greilinger, Kent Fearns, Mike Casselman, Peter Abstreiter, Hans Lodin, Peter Douris, Jari Korpisalo und Markus Jocher (von links nach rechts) begleiten ihn bei der Ehrenrunde. Nachdem Zuschauer- und Sponsoreninteresse nicht den Erwartungen von Anschutz entsprachen, zog dieser nach drei Jahren mit der DEL-Lizenz nach Hamburg weiter.

Fünf Jahre nach der Pleite der Maddogs nahmen im Sommer 1999 die München Barons einen neuen Anlauf, DEL-Eishockey in der bayerischen Landeshauptstadt zu etablieren. Der Klub entstand aus der Retorte – er war ein Gemeinschaftsprojekt von DEL-Geschäftsführer Bernd Schäfer III. und dem amerikanischen Investor Philip Anschutz aus Denver/Colorado, dem damals fünftreichsten Menschen der Welt. Schäfer III. hatte nie einen Hehl daraus gemacht, dass eine Mannschaft in der drittgrößten Stadt Deutschlands und einem der bedeutendsten Wirtschafts- und Medienstandorte Europas für die Entwicklung der Liga unerlässlich sei. Am Rande der Fußball-WM 1998 in Frankreich kam er mit Anschutz ins Gespräch. Mit dem finanziell klammen Provinzklub EV Landshut wurde rasch ein Verein ausgemacht, dessen DEL-Lizenz nach München kommen sollte.

Danach ging alles Schlag auf Schlag: Der EVL erhielt von Anschutz drei Millionen Mark Ablöse und den Oberliga-Startplatz des ESC München, mit der Olympiapark GmbH wurde ein dreijähriger Mietvertrag zur Nutzung des Eisstadions abgeschlossen. Neben Manager Max Fedra, zwischen 1978 und 1982 Profi beim EHC 70, wechselten neun Spieler aus Landshut nach München und nahmen hier Anfang August den Trainingsbetrieb auf. Das Projekt stand allerdings von Beginn an unter keinem guten Stern: Den Sportinteressierten fehlten in einer Mannschaft mit 19 ausländischen Profis die Identifikationsfiguren, und von der einstigen Zusicherung, vom ESC die Spieler Alexander Jung, Mikka Kemppi und Daniel Schury zu übernehmen, wollte der DEL-Klub schon bald nichts mehr wissen. Der von auswärts kommenden Geschäftsführung fehlte es zudem an Ortskenntnis und dem Wissen um die Gepflogenheiten des Münchner Publikums, und bei den auf Fußball fixierten Münchner Medien waren die „Eishackler" nicht gut gelitten. Die Barons wurden von Anfang an mit Negativschlagzeilen vor allem wegen der schwachen Zuschauer- und Sponsorenresonanz begleitet. Ihre sportlichen Erfolge waren nur eine Randnotiz wert.

Dabei waren diese beachtlich: Die Vorrunde 1999/2000 schlossen die Barons als Zweiter ab, in den Play-offs wurden Frankfurt und Kassel ausgeschaltet. Im Finale gegen Vorrunden-Primus Kölner Haie ließen sich die Münchner auch von einer 3:5-Niederlage im ersten Spiel nicht beirren und gewannen die folgenden drei Partien. Gleich in ihrer ersten Saison durften Trainer Sean Simpson und seine Mannen den Meisterpokal in die Höhe stemmen. Im zweiten Jahr wirbelte anstelle des abgewanderten Play-off-Topscorers Mike Casselman Neuverpflichtung Rick Girard die gegnerischen Abwehrreihen durcheinander. Die Barons wurden Vorrunden-Dritter und erreichten mit Play-off-Siegen gegen Oberhausen und erneut Kassel wiederum das Finale. Hier stoppten allerdings die Adler Mannheim den Siegeszug.

Die dritte Saison mit den spektakulären Neuverpflichtungen Derek King (877 NHL-Spiele) und Derek Plante (491) wurde ziemlich rasch von Umzugsgerüchten nach Hamburg überschattet. Die Dementis von Anschutz' Europa-Beauftragtem Detlef Kornett und der Barons-Geschäftsführung klangen halbherzig. Das Team ließ sich davon aber ebenso wenig beirren wie vom Karriereende des Verteidigers Jason Herter, dessen Knieprobleme keine Rückkehr aufs Eis mehr erlaubten. Die Vorrunde schlossen die Simpson-Schützlinge als Erster ab, doch nach einer dramatischen Play-off-Serie gegen Augsburg fanden sie im Halbfinale gegen die über sich hinauswachsenden Kölner Haie ihren Meister. Die Barons verloren das entscheidende fünfte Spiel 1:2 nach Penaltyschießen und die Spieler zerstreuten sich in alle Himmelrichtungen.

Acht Wochen nach dem letzten Spiel verkündeten Kornett und die Geschäftsführung, was längst kein Geheimnis war: den Umzug des Klubs und der Mannschaft nach Hamburg. Weder die Stadt noch die Olympiapark GmbH unternahmen etwas, um den Klub in München zu halten. Manager Fedra, Trainer Simpson, sein Assistent, der ehemalige EHC 70-Torhüter Josef Schlickenrieder und acht Spieler wechselten an die Elbe. Trotz aufkommender Kritik am willkürlichen Gebaren des US-Investors stimmten die 13 übrigen DEL-Klubs drei Wochen später dem Umzug zu. Kornett hatte damit gedroht, dass Anschutz im Falle einer Ablehnung auch seinen zweiten Klub in Deutschland, den EHC Eisbären Berlin, schließen werde. Bei durchschnittlichen Zuschauerzahlen von 3.187 in der ersten, 3.251 in der zweiten und 3.641 in der dritten Saison stand für den US-Investor ein Verlust in Höhe von geschätzten zehn Millionen Euro zu Buche.

Oberbürgermeister Christian Ude (Mitte) hieß die München Barons in der Isarmetropole willkommen. Als Antrittsgeschenk überreichten Trainer Sean Simpson (links) und Mannschaftskapitän Simon Wheeldon dem SPD-Politiker ein Barons-Dress. Als sich im Frühjahr 2002 immer deutlicher der Umzug des Klubs nach Hamburg abzeichnete, wo eine neue Multifunktionsarena entstand, tat Ude nichts dafür, die Barons in München zu halten.

Für den ersten Skandal bei den Barons sorgte der Kanadier William „Whiskey-Bill" McDougall. Der Rotschopf war eigentlich als Torjäger verpflichtet worden und wurde diesen Erwartungen mit 16 Treffern in 39 Spielen auch vollauf gerecht. Nach dem 4:2 am 21. Januar 2000 gegen die Augsburger Panther wurde der damals 34-Jährige bei einer Dopingkontrolle jedoch positiv auf das Aufputschmittel Pseudoephedrin getestet. Die DEL sperrte McDougall für acht Monate und der Sieg wurde am grünen Tisch in eine 0:5-Niederlage umgewandelt.

Barons-Trainer Sean Simpson stimmt seine Mannen ein. Der im Sommer 1999 aus der Schweiz gekommene kanadische Übungsleiter erwies sich als Glücksgriff. Simpson hatte 1998 den EV Zug in seinem ersten Trainerjahr zum Titel geführt, zwei Jahre später gelang im das gleiche Kunststück mit den Barons. 2002 machte Simpson den Umzug nach Hamburg mit, 2003 kehrte er jedoch zu seinem ehemaligen Klub in die Schweiz zurück.

Hochklassigen Sport lieferte im April 2000 das Play-off-Finale gegen die favorisierten Kölner Haie, das die Barons mit 3:1 Siegen für sich entschieden. Als wertvolle Verstärkung in der Endrunde entpuppte sich der kurz zuvor gekommene Verteidiger Brent Severyn (ganz rechts). Der Kanadier war zwar nicht sonderlich talentiert, dafür wurde er von den Kölnern wegen seiner physischen Präsenz mit 95 Kilogramm bei 1,88 Metern Körpergröße gefürchtet.

Am Ziel der Träume: Nach dem 4:3-Sieg im vierten Play-off-Finale gegen die Kölner Haie begibt sich Barons-Kapitän Simon Wheeldon unter dem Jubel der Mitspieler und Zuschauer in der Münchner Olympia-Eissporthalle zum Empfang des Meisterpokals. Im Hintergrund hat Ersatztorwart Christian Künast bereits die dazu gehörende Meisterzigarre angezündet.

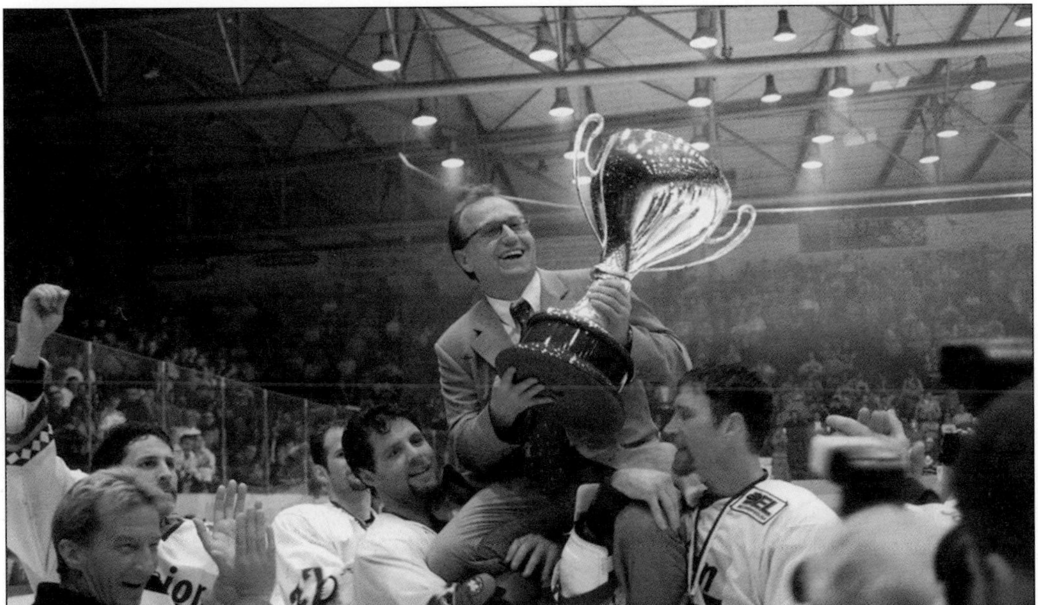

Als Vater des Erfolges wurde Manager Max Fedra bezeichnet. Der Landshuter, von 1978 bis 1982 schon einmal als Stürmer für den EHC 70 München aktiv, hatte die Mannschaft zusammengestellt. Hier wird er von Brent Severyn (links) und Bob Sweeney auf den Schultern getragen. Physiotherapeut Bernd Laverick und Kapitän Simon Wheeldon (links) spenden Applaus.

Die Meistermannschaft der München Barons stellt sich den Fotografen. Hintere Reihe (von links): Phil Huber, Svend Wiele, Peter Abstreiter, Torhüter-Trainer Andre Lebrun, Pelle Svensson, Christian Künast und Hans Lodin. Mittlere Reihe: Chris Luongo, Markus Jocher, Mike

Kennedy, Shane Peacock, Jason Herter und Trainer Sean Simpson. Vordere Reihe: Kent Fearns, Bob Joyce, Peter Douris, Bob Sweeney und Mike Casselman.

Mit zahlreichen PR-Aktionen versuchten die Barons-Verantwortlichen, mehr Zuschauer in die Olympia-Eissporthalle zu locken. Im Februar 2001 gab sogar die Mädchenband No Angels vor dem Heimspiel gegen die Augsburger Panther (3:2) ein Minikonzert. Bei der nach Heimsiegen obligatorischen „Spielerraupe“ ließen sich Jessica Wahls, Sandy Mölling, Nadja Benaissa, Lucy Diakovska und Vanessa Petruo (von links) auf den Schultern der Spieler sogar durch die Halle tragen. Stadionsprecher Stefan Schneider marschierte voran.

Blamabel endete im Januar 2001 die Teilnahme der Barons am Continental Cup in Zürich. Bei der Vereins-Europameisterschaft kassierten die Münchner zwei 1:4-Niederlagen gegen den Gastgeber und späteren Turniergewinner Zürcher SC Lions sowie den englischen Champion London Knights. Lediglich gegen Slovan Bratislava sprang ein 2:2 heraus. Hier setzt sich Barons-Verteidiger Kent Fearns gegen Londons Rich Bronilla (im Hintergrund) durch, der fünf Jahre später das Trikot des EHC München trug.

Mit 742 Einsätzen in der nordamerikanischen Profiliga NHL war Bob Sweeney (rechts) der bis dato renommierteste Spieler aus Übersee, der in ein Münchner Trikot schlüpfte. Sowohl 1999 als auch 2000 ersparte sich Sweeney die kräftezehrende Saisonvorbereitung und stieß erst im Spätherbst zu den Barons. Während er in seinem ersten Jahr mit zwölf Toren in 49 Einsätzen noch maßgeblich zum Gewinn der Meisterschaft beitragen konnte, war er danach nur noch ein Mitläufer (vier Tore). 2001 beendete Sweeney mit 37 Jahren seine Karriere.

Im vierten Play-off-Finale gegen die Mannheimer Adler mussten sich die Barons erst in der Verlängerung mit 1:2 geschlagen geben. Der Traum von der Titelverteidigung war damit ausgeträumt. Mike Stevens hatte in der vierten Minute der Overtime den entscheidenden Treffer für die Gäste erzielt. Topscorer Rick Girard, Torhüter Christian Künast, Shane Peacock, Assistenztrainer Doug Bradley, Kent Fearns, Jörg Handrick, Kapitän Simon Wheeldon und Phil Huber (von links) steht bei der Siegerehrung die Enttäuschung ins Gesicht geschrieben.

Der Beginn einer großen Karriere. Der gebürtige Münchner Christoph Schubert (links) war die große und positive Überraschung der Spielzeiten 2000/01 und 2001/02. Eigentlich war Schubert im Sommer 2000 mit 18 Jahren nur als Trainingsgast zu den Barons gekommen, profitierte aber von der Verletzung von Mike Smazal und biss sich im Kader fest. Die guten Leistungen des 18-Jährigen ließen auch die Talentspäher aus der nordamerikanischen Profiliga NHL aufhorchen: Die Ottawa Senators sicherten sich im Sommer 2001 seine Transferrechte.

Hoher Besuch im Olympia-Eisstadion: Im Advent 2001 gab der vier Jahre später ermordete Modezar Rudolph Moshammer (Mitte) mit Hundedame Daisy den Barons bei einem Heimspiel die Ehre. PR-Modell Sonja Reithofer (links) und Manager Max Fedra ließen es sich als Weihnachtsmänner verkleidet nicht nehmen, den Exzentriker um ein Erinnerungsfoto zu bitten.

Ein Glücksgriff gelang Manager Max Fedra mit der Verpflichtung des bis dato relativ unbekannten Kanadiers Andy Schneider (rechts) von den Schwenninger Wild Wings. Der pfeilschnelle Außenstürmer gehörte in seinen beiden Münchner Jahren 2000/01 und 2001/02 zu den besten Angreifern und wurde von Trainer Sean Simpson vor allem wegen seiner aggressiven und vielseitigen Spielweise geschätzt. Im Sommer 2002 machte Schneider als einer von acht Spielern den Umzug der Barons nach Hamburg mit.

Mit der Reaktivierung des 39-jährigen Eduard Uvira (rechts) sorgten die Barons im Dezember 2001 für Aufmerksamkeit. Der Deutsch-Tscheche, 1985 mit der ČSSR-Auswahl Weltmeister, hatte nicht nur seine Profikarriere vier Jahre zuvor beendet, sondern war auch der erste Opa in der DEL-Geschichte: Seine 19-jährige Tochter Lucia war kurz zuvor Mutter geworden. Manager Max Fedra hatte Uvira mit seinem Zwei-Monats-Vertrag ausgestattet, weil vier Stammverteidiger verletzt ausgefallen waren. Uvira traf bei den Barons auf seinen jüngeren Bruder Jiri (links), der als Mannschaftsbetreuer arbeitete.

Mit 68 Punkten (23 Tore) in 69 Spielen avancierte Derek Plante (links) in der letzten Barons-Saison 2001/02 zum Topscorer. Mit der Verpflichtung des 30 Jahre alten US-Nationalspielers konnten die Münchner aber auch nichts falsch machen. Plante hatte zuvor acht Jahre lang in der Profiliga NHL gespielt und 1999 mit den Dallas Stars sogar den Stanley Cup gewonnen. Auch seine Frau Kristen hatte in den USA auf höchstem Niveau gespielt und durfte im November 2001 bei einem Benefizspiel gegen Rosenheim sogar das Barons-Trikot tragen. Gemeinsam mit ihrem Gatten und Derek King bildete sie die Paradereihe.

Allen Grund zum Feiern hatten die Barons-Torhüter Christian Künast (links) und Boris Rousson nach dem letzten Vorrunden-Spieltag der Saison 2001/02: Mit einem 4:3-Sieg nach Penaltyschießen über die Iserlohn Roosters sicherten sie sich die Tabellenführung und stellten mit 121 Punkten einen bis heute unerreichten DEL-Rekord auf. Rousson (165 Einsätze) und Künast (49) bildeten in den drei Barons-Jahren ein zuverlässiges Gespann zwischen den Pfosten, wobei der Landshuter Künast jedoch über die Rolle des Ersatzmanns nicht hinauskam.

Eishockey auf höchstem Niveau lieferte im März 2002 die Play-off-Viertelfinalserie gegen die Augsburger Panther. Nachdem sie die erste Partie vor eigenem Anhang mit 5:6 nach Penaltyschießen verloren hatten, konnten sich die favorisierten Barons – hier kämpfen Barons-Routinier Peter Douris (rechts) und Augsburgs Quinn Hancock um den Puck – nach drei Siegen hintereinander doch noch durchsetzen. Die insgesamt 16 Derbys gegen die Fuggerstädter, von denen die Münchner zwölf für sich entscheiden konnten, gehörten zu den Höhepunkten der Barons-Geschichte.

Er versetzte den Barons im Frühjahr 2002 den K.o.: Der Cuxhavener Detlef Kornett (rechts) sonnte sich auf der Tribüne des Olympia-Eisstadions nicht nur gern im Beisein prominenter Gäste (wie hier dem lange Jahre in Bogenhausen ansässigen Ex-Tennisstar Boris Becker), sondern trieb als Geschäftsführer von US-Investor Anschutz Entertainment Group (AEG) hinter den Kulissen auch den Umzug der Barons nach Hamburg voran. Sein Wortbruch war Kornett egal: Wenige Wochen zuvor hatte er derartige Gerüchte noch als frei erfunden und rufschädigend für den Klub bezeichnet.

Das letzte Spiel der Barons: Im fünften Play-off-Halbfinalspiel am 9.April 2002 mussten sich die Münchner dem späteren Titelträger Kölner Haie (hier blockt Kapitän Simon Wheeldon den Kölner Mirko Lüdemann ab) nach Penaltyschießen 1:2 geschlagen geben und schieden damit im Kampf um die deutsche Meisterschaft aus. Schon die Play-offs wurden von den sich verdichtenden Gerüchten um einen Umzug des Klubs nach Hamburg überschattet. Acht Spieler sowie das Trainergespann Sean Simpson und Josef Schlickenrieder machten den Umzug an die Elbe mit, der Rest zerstreute sich in alle Himmelsrichtungen.

8

EHC

Premiere für den neuen EHC München: Nach dem Umzug der Barons wurde im Sommer 2002 der vier Jahre zuvor von Ex-Hedos-Ass Franz Jüttner gegründete Bayernligist HC 98 zur ersten Adresse in der Landeshauptstadt. Bei einer außerordentlichen Mitgliederversammlung wurde die Umbenennung des Vereins in EHC beschlossen. Sein erstes Pflichtspiel gewann der EHC am 18.Oktober 2002 vor 1.500 Zuschauern gegen den EV Fürstenfeldbruck mit 10:2. Der vom EHC für nicht gut genug befundene finnische Verteidiger Matti Manner war erst wenige Tage zuvor zum Lokalrivalen gewechselt.

Nach dem Abzug der Barons im Sommer 2002 stieg der bis dato weitgehend unbeachtete Bayernligist HC 98 zur ersten Kraft im Münchner Eishockey auf. Wegen fehlender Eiszeiten im Olympia-Eisstadion musste der Verein von Ex-Hedos-Kapitän Franz Jüttner seine Heimspiele bis dahin im Prinzregentenstadion oder gar in Grafing austragen. Nun sicherten jedoch die Olympiapark GmbH und ehemalige Barons-Sponsoren dem Klub ihre Unterstützung zu. Auf einer außerordentlichen Mitgliederversammlung wurde die Umbenennung in EHC München beschlossen und als Ziel der sofortige Aufstieg in die Oberliga ausgegeben. Präsident Jüttner und Berater Horst Franke stellten eine Mannschaft aus den besten Spielern des HC 98 – wie Fabian von Schilcher und Sebastian Schwele – sowie Neuverpflichtungen von umliegenden Vereinen – wie Manuel Hiemer (Bad Aibling), Alexander Leinsle oder Daniel Schury (beide Erding) – zusammen. Als Trainer wurde Peter Slapke vom HC 98 übernommen. Nachdem die Bayernliga-Vorrunde nur mit dem zweiten Platz hinter Königsbrunn abgeschlossen wurde und die Vereinsführung um das Saisonziel bangte, wurde Slapke durch den Landshuter Michael Eibl aus Landshut ersetzt.

In der Meisterrunde und den Play-offs rief die Mannschaft ihr Potenzial ab. U.a. wurde Rosenheim auswärts vor 5.500 Zuschauern mit 1:0 und im Olympia-Eisstadion vor 4.900 Besuchern mit 4:2 niedergerungen. Die Finalserie gegen Landsberg wurde zur dramatischsten, die das Münchner Eishockey wohl jemals erlebte: Nach einem 2:1-Heimsieg nach Penaltyschießen unterlag der EHC im Rückspiel mit dem gleichen Ergebnis.

Eine dritte Partie, wiederum in Landsberg, musste über den Aufstieg entscheiden. Nach einem 2:4-Rückstand sahen die Verantwortlichen und zahlreichen mitgereisten Fans ihre Mannschaft schon eine weitere Saison in der Bayernliga. Doch der EHC schaffte in den letzten zehn Spielminuten das Wunder: Fabian von Schilcher, Peter Kerndl und Jens Feller schossen noch einen 5:4-Sieg heraus. Bemerkenswert: Durchschnittlich 1.860 Zuschauer kamen zu den Heimspielen. Die heiße Saisonphase wurde allerdings von Ärger hinter den Kulissen überschattet: Präsident Jüttner wurde bereits während der Play-offs entmachtet und bei einer außerordentlichen Mitgliederversammlung im April 2003 nicht entlastet. Zu seinem Nachfolger wurde der bisherige Beiratsvorsitzende Jürgen Bochanski gewählt.

Ihre erste Oberligasaison schloss die mit den Übersee-Legionären Ron Newhook, Peter Brearley und Tim Leahy verstärkte Mannschaft auf dem für einen Aufsteiger beachtlichen zweiten Platz der Vorrundengruppe Südwest und vierten Platz der Meisterrunde ab. In den Play-offs war erst im Halbfinale gegen den späteren Aufsteiger Bremerhaven Endstation. Nach dem Konkurs des EC Bad Nauheim wurde dem EHC am grünen Tisch sogar der Aufstieg in die 2. Bundesliga angeboten, die Vereinsführung lehnte jedoch ab.

Zu Saisonbeginn 2004/05 gab es zahlreiche Neuerungen: Der Profispielbetrieb wurde vom Gesamtverein in die neue Spielbetriebs GmbH ausgegliedert. Und Trainer Eibl, der sich die Doppelbelastung Trainer und Beruf nicht mehr länger zumuten wollte, wurde durch den ehemaligen Verteidiger des FC Bayern und EHC 70, Georg Kink (zuvor Peiting), ersetzt. In dessen Schlepptau wechselte Manager Christian Winkler ebenfalls aus Peiting zum EHC. Nachdem die Mannschaft auf Grund von Verletzungsproblemen auf der Torhüterposition in eine Krise schlitterte und die Zuschauerzahlen rückläufig waren, sah sich Präsident Bochanski kurz vor Beginn der Aufstiegsspiele zu einem Trainerwechsel gezwungen.

Berater Harald Birk lotste den ehemaligen Augsburger DEL-Trainer Gary Prior nach München. Der Kanadier führte die Mannschaft in den verbleibenden Spielen zwar zum Aufstieg, doch schon kurze Zeit später gab es die ersten Probleme. Prior vergraulte zahlreiche Spieler, und die von ihm verpflichteten ausländischen Profis wie Kris Goodjohn oder Dan Carlson waren Flops. Der EHC schwebte zwischenzeitlich sogar in akuter Abstiegsnot. Erst nach der Verpflichtung von US-Boy Mike Pandolfo ging ein Ruck durch das Team, das als Erster der Abstiegsrunde den Klassenverbleib schaffte. Als die personell deutlich verstärkte Mannschaft zu Saisonbeginn 2006/07 nach sechs Niederlagen in den ersten acht Spielen erneut im Tabellenkeller feststeckte, kam Prior mit seinem Rücktritt einem Rauswurf zuvor. Sein Nachfolger wurde der ehemalige italienische Nationaltrainer Pat Cortina, der das Team in kurzer Zeit in die Spitzengruppe führte.

Selbst war der Mann in den Anfangstagen des EHC: Der hauptberuflich bei einem Sportartikelhändler beschäftigte Trainer Peter Slapke war sich nicht zu schade, die Schlittschuhe seiner Schützlinge zu schleifen. Mit Slapke hatte der Bayernligist einen ganz großen Namen des deutschen Eishockeys an der Bande: Der Sachse hatte 217 Länderspiele für die DDR absolviert und danach eine erfolgreiche Schiedsrichter-Laufbahn eingeschlagen. 17 Jahre lang war er als Unparteiischer tätig und nahm währenddessen einmal bei Olmypia sowie an drei WM-Turnieren teil.

Gemüse und Eishockey – das war die Welt von EHC-Torjäger Daniel Schury. Die Spieler in der ersten EHC-Saison 2002/03 waren Amateure und erhielten vom Verein lediglich 300 Euro Aufwandsentschädigung. Schury, der einst im Nachwuchs des EC Hedos und zwischen 1997 und 1999 schon einmal für den ESC gespielt hatte, arbeitete hauptberuflich in der Großmarkthalle in Thalkirchen als Juniorchef beim Gemüsegroßhandel seines Stiefvaters Horst Franke. Die Doppelbelastung konnte schon einmal dazu führen, dass der Angreifer nach weiten Auswärtsfahrten direkt in die Arbeit ging. Dienstbeginn war für ihn jeden Morgen um vier Uhr.

Die Welt von EHC-„Urgestein“ Sebastian Schwele ist eine Scheibe: Der Allgäuer arbeitet im Hauptberuf als Eishockey-Kommentator beim Fernsehsender Premiere. Nach dem Training fuhr Schwele meist direkt ins Sendestudio nach Ismaning, von wo aus er tief in der Nacht die Übertragungen aus der nordamerikanischen Profiliga NHL kommentierte. Schwele war ein EHC-Akteur der ersten Stunde: Er war Gründungsmitglied des Vereins noch unter dessen ursprünglicher Bezeichnung HC 98 und im Oktober 1998 beim 16:0-Sieg gegen den ESC Dorfen auch der erste Torschütze.

In der Bayernliga war nur ein einziger Profi pro Mannschaft erlaubt – und diese exponierte Position nahm beim EHC der Landshuter Thomas Mühlbauer ein. Der 36-Jährige ließ in München seine Laufbahn ausklingen, in der er über zehn Jahre für Landshut, Nürnberg, Rosenheim, Frankfurt und Ratingen in Bundesliga und DEL gespielt hatte. Mit 45 Punkten (26 Tore) in 33 Spielen war Mühlbauer viertbester Scorer des EHC und wurde damit den Erwartungen gerecht. Nach dem Oberligaaufstieg kehrte er München den Rücken und arbeitete als Sozialversicherungskaufmann.

Nachdem Trainer Peter Slapke zum Jahreswechsel 2002/03 wegen Herzproblemen den Verein verlassen musste, übernahm Michael Eibl (Foto) das Kommando an der EHC-Bande. Dem 55 Jahre alten Ex-Nationalspieler aus Landshut (55 Länderspiele, Deutscher Meister 1970) eilte nicht zu Unrecht der Ruf eines „Schleifers" voraus: Eibl, im Hauptberuf Metall-Fachlehrer am Berufsbildungs- und Technologiezentrum Landshut, ließ von seinen Schülern Fitnessgeräte wie diese Langhantelbank bauen und errichtete damit im Kabinentrakt des Olympia-Eistadions einen Kraftraum.

Sieht man vom einmaligen Kurzauftritt von Ken Berry beim 13:4-Sieg über den USC München in der Saison 1998/99 ab, waren die Kanadier Ron Newhook (links) und Peter Brearley die beiden ersten Legionäre in der EHC-Geschichte. Die „Bild" taufte die beiden Angreifer (hier bei ihrer Ankunft im August 2003 am Franz-Josef-Strauß-Flughafen) wegen ihrer unterschiedlichen Körpergrößen und in Anlehnung an das legendäre dänische Komikerduo prompt „Pat & Patachon". Brearley war 1,87 Meter groß, Newhook maß gerade einmal 1,66 Meter.

Geselle gegen Chef: Zu dieser ungewöhnlichen Konstellation kam es bei den Oberliga-Duellen gegen die Star Bulls Rosenheim in der Saison 2004/05. Beim EHC spielte Mario Jann (links), der damals in der Rosenheimer Fleischwarenfabrik von Star-Bulls-Routinier Raimond Hilger (rechts) arbeitete. Hilger, von 1992 bis 1994 sowie 2000/01 selbst in München aktiv, frotzelte vor den Derbys: „Wenn Mario gegen uns ein Tor schießt, muss er am Montag die Kühlhalle putzen." Der EHC gewann zwei von vier Saisonduellen (15:11 Tore), Jann erzielte dabei einen Treffer. Ob er wirklich putzen musste, ist nicht überliefert.

Eishockey in der Krachledernen: Der Landshuter Thomas Vogl spielte zwischen 2003 und 2005 für den EHC und war in der Oberliga vor allem wegen seiner harten und präzisen Schlagschüsse gefürchtet. „Seitdem ich von einem Holz- auf einen Vollcarbonschläger umgestiegen bin, sind diese noch härter", sagte Vogl, dessen Schüsse Geschwindigkeiten von 140 Stundenkilometern und mehr erreichten. In 117 Spielen für den EHC erzielte der ehemalige DEL-Profi (Landshut, Hannover) für einen Verteidiger herausragende 33 Tore.

„Rein in die WG“, hieß in der Saison 2004/05 der neue Trend beim EHC. Gleich sechs Spieler lebten gemeinsam in Wohngemeinschaften: Torjäger Alexander Leinsle (links) und Jochen „Joey“ Vollmer (rechts) in Schwabing, George Kink und Florian Vollmer in Moosach sowie Mario Jann und Manuel Hiemer in Rosenheim. „Das Leben in einer WG ist perfekt“, sagte Vollmer. „Ich übernehme die Hausarbeit, Alex das Kochen.“ Nach Ende seiner aktiven Karriere im Sommer 2006 machte Torjäger Leinsle (90 Treffer in 214 EHC-Spielen) sein Hobby Kochen zum Beruf und eröffnete in Germering ein Subway-Restaurant.

Ein großer Name beim EHC. Kevin Kühnhackl, Sohn von Eishockeylegende Erich Kühnhackl, trug in der Saison 2004/05 das Münchner Trikot. Im Gegensatz zu seinem Vater spielte Kühnhackl junior (hier mit seinem Sohn Jonas bei ersten Gehversuchen in der Eiskunstlaufhalle) allerdings als Torhüter. „Ich bin kein guter Schlittschuhläufer. Und auf dieser Position werde ich nicht so oft mit meinem Vater verglichen“, sagte der Spätstarter, der erst mit 14 Jahren zum Eishockey kam. Der Durchbruch gelang ihm allerdings nie: Auch beim EHC kam Kühnhackl über die Rolle des Ersatztorhüters nicht hinaus.

Gleich zweimal drehte die Produktionsfirma Constantin für die erfolgreiche SAT1-Krimireihe „Lenßen & Partner“ im Olympia-Eisstadion. Die EHC-Cracks Jochen Vollmer und Kevin Kühnhackl (stehend von links) sowie Tim Leahy und Josef Eckmair (sitzend) gaben die Statisten für eine Folge, in der Rechtsanwalt Ingo Lenßen (stehend in der Mitte) und seine Detektive einen Versicherungsbetrug aufklärten. 3,1 Millionen Zuschauer sahen die EHC-Cracks in vertauschten Rollen (die Torhüter als Feldspieler und umgekehrt).

Willkommen in München: EHC-Manager Christian Winkler (rechts) begrüßt den kanadischen Trainer Gary Prior, der im März 2005 den geschassten Georg Kink ablöste. Prior führte die Mannschaft zwar zum Aufstieg in die 2. Bundesliga und zu einigen beachtlichen Erfolgen im Deutschen Eishockey-Pokal, vergraulte anschließend aber zahlreiche Spieler und Identifikationsfiguren wie etwa George Kink, Mike Burman, Christoph Sandner, Alexander Leinsle und Andreas Attenberger aus München. Mit seinem freiwilligen Rücktritt im Oktober 2006 kam Prior einem Rauswurf zuvor.

Deutscher Pokalsieger. Die EHC-Torhüter Jochen Vollmer (links) und Dennis Hipke hatten im Februar 2005 allen Grund zur Freude. Weil sich beim benachbarten DEL-Klub und Pokalfinalisten ERC Ingolstadt gleich beide Torhüter verletzt hatten, halfen die Münchner Leihgaben im Endspiel gegen die DEG Metro Stars aus. Vollmer war mit einer starken Leistung maßgeblich am Ingolstädter 4:3-Sieg nach Penaltyschießen beteiligt. Erstaunlich war aber vor allem Hipkes Aufstieg: Zu Saisonbeginn war der Rheinländer noch arbeitslos gewesen und erst im Oktober nach München gekommen.

Versicherungskaufmann Jürgen Bochanski führte das Münchner Eishockey nach jahrelangen Turbulenzen endlich in ruhigere Fahrwasser und baute den EHC zu einer seriösen Marke auf. Im Frühjahr 2003 löste Bochanski, der die Münchner Klubs mit seiner Firma Aktiv Assekuranz zuvor jahrelang als Sponsor unterstützt hatte, Franz Jüttner als Präsident ab. Seit Mai 2004 ist er zudem Geschäftsführer und Mehrheitsgesellschafter der EHC München Spielbetriebs GmbH, in welche die Profimannschaft ausgegliedert wurde.

Der Zweitligaaufstieg ist geschafft – auch auf sportlichem Weg: Im Play-off-Halbfinale gegen die Blue Lions Leipzig setzten sich die Münchner in vier Spielen durch. Nach dem entscheidenden 4:3-Sieg in der Leipziger Messehalle ließen Thomas Vogl, Josef Eckmair, Tim Leahy & Co. die Sektkorken knallen. Am grünen Tisch stand der Aufstieg zu diesem Zeitpunkt längst fest: Gegen den Halbfinalgegner wurde kurz zuvor ein Insolvenzverfahren eröffnet – die Blue Lions hätten gar nicht aufstiegen können und wurden sogar in die Sachsenliga zurückversetzt.

Eines der größeren Missverständnisse in der EHC-Geschichte war die Verpflichtung des kanadischen Angreifers Kris Goodjohn. Der 27-Jährige war mit großen Vorschusslorbeeren nach München gekommen, konnte aber die Erwartungen nicht erfüllen. Nach sieben Spielen (null Treffer) einigte man sich auf einen Auflösungsvertrag. Ursache für Goodjohns schwache Leistungen war seine schwangere Frau Caroline, die sich in München unwohl fühlte und ihrem Gatten das Leben entsprechend madig machte. Der Kanadier beendete anschließend seine Profilaufbahn.

Neuverpflichtung Leonhard Wild (rechts) ist bekennender Fan der Fernsehserie „Monaco Franze“ und steckte im Herbst 2005 mit seiner Begeisterung auch die Mannschaft an: Die DVDs wurden unter den Spielern ausgetauscht und bei Auswärtsfahrten im Bus geschaut. Hier posiert Wild mit Angreifer George Kink neben dem Denkmal des Hauptdarstellers Helmut Fischer an der Münchner Freiheit. Der Torhüter ließ sich das Konterfei des „ewigen Stenzes“ sogar auf seinen Helm pinseln.

Als Favoritenschreck machte der EHC im Herbst 2005 im Deutschen Eishockey-Pokal von sich reden. Nach einem Erstrundenerfolg gegen die Kölner Haie (5:2) wurde mit den Hamburg Freezers (4:1) ein weiterer DEL-Klub aus dem Wettbewerb geworfen. Erst im Viertelfinale war gegen den späteren Pokalsieger DEG Metro Stars mit 0:4 Endstation. Die Partie gegen die Hanseaten, den Nachfolgeklub der München Barons, war der emotionale Höhepunkt der Saison und eine späte Genugtuung für deren unsauberen Abgang. 2.200 Zuschauer schrieen den EHC aus Leibeskräften zum Sieg.

Es waren ein Schock und ein herber Rückschlag in den Personalplanungen, als der langjährige Mannschaftskapitän Fabian von Schilcher im Sommer 2006 mit gerade einmal 29 Jahren das Ende seiner aktiven Laufbahn erklärte. Der Mittelstürmer mit dem genialen Spielverständnis hatte kurz zuvor sein Wirtschaftsstudium abgeschlossen und wollte sich fortan auf seine berufliche Karriere konzentrieren. In sechs EHC-Jahren gelangen von Schilcher beachtliche 296 Scorerpunkte (106 Tore) in 223 Spielen.

Beim Trainingsauftakt nach der Sommerpause konnte Manager Christian Winkler (ganz rechts) mit dem kanadischen Torjäger Dylan Gyori, dem schwedischen Verteidiger Johan Ejdepalm, dem Deutsch-Kanadier Neville Rautert und dem kanadischen Verteidiger Robby Sandrock (von links) hochkarätige Neuverpflichtungen begrüßen. Das Quartett trug maßgeblich dazu bei, dass der EHC in der 2. Bundesliga den Sprung in die Spitzengruppe schaffte.

Ein Glücksgriff war auch der mit seinem kanadischen Landsmann Dylan Gyori von den Fischtown Pinguins gekommene Außenstürmer Brent Robinson (Foto). Beide bildeten ein spektakuläres Sturmduo, wie es das Münchner Eishockey viele Jahre nicht mehr hatte. Beobachter fühlten sich an Scott McLeod und Doug Morrison erinnert, die den EC Hedos 1989 in die Bundesliga schossen. „Die beiden haben sich gesucht und gefunden", sagte Manager Christian Winkler. „Sie verstehen sich blind auf dem Eis."

Mit dem Eurocity 86 aus Bozen traf am 18. Oktober 2006 kurz vor 21 Uhr Pat Cortina (links), der neue Trainer des EHC, am Münchner Hauptbahnhof ein. Manager Christian Winkler begrüßt den Italo-Kanadier, der die Mannschaft in kürzester Zeit von den Abstiegsrängen in die Spitzengruppe der 2. Bundesliga führte, freudig am Bahngleis. Mit Cortina hatte sich der Verein einen international anerkannten Übungsleiter geangelt: Der 42-Jährige arbeitete als italienischer und ungarischer Nationaltrainer.

„Auf geht's München, auf geht's München!": Die letzten zehn Spielminuten haben es im Olympia-Eisstadion stets in sich. Dann ruft „Einpeitscher" Massimo Ferraro von der Fanvereingung „7. Mann e.V." mit seinem Megaphon zum Schlussakkord und fordert die Zuschauer zum Dauerapplaus auf. Die Treue der Münchner Eishockey-Anhänger verdient aufgrund der zahlreichen Vereinswechsel und Pleiten besondere Anerkennung

9

Hall of Fame

Die Nationalspieler Dieter Hegen (links) und Gerd Truntschka (Mitte) waren zwei der besten und bekanntesten Spieler, die jemals das Trikot eines Münchner Klubs trugen. Hier präsentieren sie gemeinsam mit Oberbürgermeister Christian Ude (rechts) auf dem Balkon des Rathauses am Marienplatz stolz den Pokal für den Gewinn der Meisterschaft mit dem EC Hedos 1994. Hegen schützt sich mit einer Sonnenbrille, weil ihn wenige Tage zuvor, während der Finalserie gegen die DEG, ein Puck im Auge getroffen und er sich dabei einen Jochbeinbruch zugezogen hatte.

Der erste große Name im Münchner Eishockey war Leonhard Waitl. Drei Jahre lang, zwischen 1966 und 1969, spielte der damalige Kapitän der Nationalmannschaft für den FC Bayern, den er 1967 in die Bundesliga führte. Der Zufall wollte es, dass der Abwehrspieler aus Füssen zu jener Zeit die Elektro-Meisterschule in München besuchte. Der FC Bayern überwies eine stattliche Ablösesumme ins Allgäu. Waitl absolvierte 127 Länderspiele und nahm an zehn WM-Turnieren und den Olympischen Winterspielen 1960, 1964 und 1968 teil. Nach Auflösung der Eishockeyabteilung beim FC Bayern wechselte er zum Augsburger EV.

Der Garmisch-Partenkirchener Finanzbeamte Georg Kink war (neben Christoph Sandner und Franz Jüttner) einer von lediglich drei Männern, die für drei verschiedene Münchner Klubs tätig waren: Beim FC Bayern (Saison 1968/69) und EHC 70 (Saison 1980/81) als Spieler, beim EHC viele Jahre später (Saison 2004/05) als Trainer. Kink spielte 45 Mal für die Nationalmannschaft und lange Zeit für die Düsseldorfer EG und Kölner Haie in der Bundesliga. Als Trainer arbeitete er in Weißwasser und bei seinem Heimatverein SC Riessersee in der Bundesliga bzw. DEL. Auch sein Sohn George stürmte von 2004 bis 2006 für den EHC.

Mit der Verpflichtung des tschechoslowakischen Weltklasse-Torhüters Jiri Holecek (hier mit seiner Frau und den Kindern Jiri, links, und Jana) sorgte der damalige Zweitligist EHC 70 im Frühjahr 1978 für Aufsehen in der deutschen Eishockeyszene. Der Prager war in den beiden Jahren zuvor mit der ČSSR-Auswahl jeweils Weltmeister geworden. Unmittelbar vor seinem Wechsel nach München wurde der 34-Jährige bei der WM 1978 in seiner Heimatstadt zum fünften Mal in seiner Laufbahn zum besten Torhüter des Turniers gewählt. Holecek absolvierte 164 Länderspiele und nahm an zehn WM-Turnieren teil. Nach dem Bundesligaaufstieg mit dem EHC 70 wechselte er 1980 für eine Saison zum EHC Essen, wo er seine Laufbahn ausklingen ließ.

Mit 69 Treffern in 44 Spielen schoss Doug Morton den EHC 70 in der Saison 1979/80 fast im Alleingang in die Bundesliga. Gemeinsam mit Johann Eimannsberger und Gerhard Graf bildete der 23-jährige Kanadier damals den Paradeangriff der Münchner. Insgesamt zweieinhalb Jahre spielte Morton für den EHC 70. Nach einem Intermezzo in der Saison 1977/78 musste er seinem Landsmann Cal Russell weichen, ehe er an die Isar zurückgeholt wurde. Nach dem Bundesligaaufstieg wurde der Mann aus Toronto vom neuen Trainer Seppo Liitsola allerdings nach nur zwei Einsätzen wegen mangelnder körperlicher Fitness ausgemustert und wechselte nach Miesbach.

Der Aufstieg des EC Hedos aus den Niederungen an die Spitze des deutschen Eishockeys ist eng mit dem Namen Jiri Kochta verbunden. Der ehemalige tschechoslowakische Nationalspieler und Weltmeister von 1972 war gleich dreimal in München tätig: In der Saison 1981/82 bis zu dessen Pleite als Torjäger beim EHC 70 und von 1983 bis 1986 als Spielertrainer beim EC Hedos. In der Spielzeit 1988/89 wurde Kochta in die bayerische Landeshauptstadt zurückgeholt und führte den Klub als Trainer in die Bundesliga. Danach war er als Trainer in Mannheim, Weißwasser und Oberhausen in Bundesliga und DEL tätig. Seine Tochter Marketa war in den Neunzigerjahren erfolgreicher Tennisprofi.

Als Kapitän der legendären Hedos-Aufstiegsmannschaft von 1989 und späterer Gründer und Präsident des HC 98 bzw. EHC hat der gebürtige Füssener Franz Jüttner tiefe Spuren in der Münchner Eishockeygeschichte hinterlassen. 1985 war der Verteidiger vom Mannheimer ERC zum EC Hedos gewechselt, für den er bis 1990 spielte. Nach einem Intermezzo beim ESC (Saison 1996/97) hob Jüttner 1998 den HC 98 aus der Taufe, dem er bis 2003 als Präsident vorstand. Heute ist der Allgäuer, der seine aktive Laufbahn wegen einer schweren Herzerkrankung beenden musste, Geschäftsführer des Münchner Nachtklubs „8seasons" und des gleichnamigen Hotels in Brasilien.

Doug Morrison (links, mit Tochter Maggie auf dem Arm) und Scott McLeod (mit seinen Söhnen Wade und Chase) wurden fast immer in einem Atemzug genannt. Die beiden Kanadier bildeten das legendärste Sturm-Duo, das das Münchner Eishockey jemals hatte. Von 1987 bis 1989 wirbelten sie für den EC Hedos, den sie in die Bundesliga schossen. Das blinde Spielverständnis zwischen Außenstürmer Morrison und Mittelstürmer McLeod verwundert wenig: Beide kannten sich schon aus ihrer Heimatstadt Vancouver und spielten in der Saison 1985/86 gemeinsam in Salt Lake City in der US-Profiliga IHL. 1989 wechselten sie gemeinsam zum HC Meran nach Italien.

Zum unumstrittenen Publikumsliebling in der ersten Bundesligasaison 1989/90 des EC Hedos avancierte der vom finnischen Erstligisten Ilves Tampere gekommene Kanadier Dale Derkatch. Mit 58 Punkten (27 Tore) in nur 28 Spielen war der nur 1,65 Meter große „Giftzwerg" sechstbester Scorer der Bundesliga, obwohl er verletzungsbedingt deutlich weniger Spiele als die Konkurrenz absolviert hatte. Danach wurde er von Vizemeister Rosenheim weggekauft. Nach weiteren Zwischenstopps in Zürich und Düsseldorf kehrte Derkatch 1993 nach München zurück und gewann mit dem EC Hedos die Meisterschaft. Nach dem Konkurs der Maddogs spielte der Angreifer noch in Kaufbeuren und für den SC Riessersee.

Gerd Truntschka war einer der herausragenden Spieler in der deutschen Eishockeygeschichte und schaffte es als einer von nur zwei Deutschen (neben Udo Kießling) in das All-Star-Team einer Weltmeisterschaft: 1987 in Wien. 1992 wechselte der technisch begnadete Mittelstürmer gemeinsam mit Dieter Hegen von der Düsseldorfer EG zum EC Hedos, den er zwei Jahre später als Kapitän zur Meisterschaft führte. Das letzte Finalspiel war zugleich das letzte in der Profikarriere des Landshuters, in der er 217 Länderspiele absolvierte und mit Köln, der DEG und dem EC Hedos achtmal den Meistertitel gewann. Danach arbeitete er kurzzeitig als Berater für die Maddogs.

Die Unterschrift von Dieter Hegen war stets ein begehrtes Souvenir. 1992 kam der Torjäger von Weltklasseformat im Doppelpack mit Gerd Truntschka von der Düsseldorfer EG zum EC Hedos und gewann zwei Jahre später die Meisterschaft. Hegen absolvierte noch 15 Partien für die Maddogs, ehe er zur DEG zurückkehrte. Insgesamt stehen 290 Länderspiele mit 111 Toren, acht Meistertitel mit Köln, Düsseldorf und München sowie beeindruckende 1.222 Scorerpunkte (655 Tore) in 909 Bundesliga- bzw. DEL-Spielen in der Vita des gebürtigen Kaufbeurers. Davon gelangen ihm 139 Punkte (69 Tore) im Münchner Dress.

Das vorzügliche Stellungsspiel war die große Stärke von Boris Rousson, der zwischen 1999 und 2002 das Tor der München Barons hütete und anschließend mit der DEL-Lizenz nach Hamburg wechselte. Der Franko-Kanadier, der nie den Sprung in die NHL schaffte und sich frühzeitig in Finnland und Schweden verdingte, war von den Kölner Haien an die Isar gekommen und gewann 2000 im Play-off-Finale gegen seinen alten Klub die Meisterschaft. Zwei Jahre später wurde Rousson, der über die Vorlieben der gegnerischen Spieler akribisch Buch führte, zum „Torhüter des Jahres“ in der DEL gewählt.

Ein Kämpfer vor dem Herrn war der Austro-Kanadier Simon Wheeldon, der die München Barons in den drei Jahren ihres Bestehens als Kapitän anführte. 1999 war der Mittelstürmer aus Vancouver vom österreichischen Spitzenklub VEU Feldkirch, mit dem er ein Jahr zuvor die Vereins-Europameisterschaft gewonnen hatte, nach München gewechselt. Beim Gewinn der Meisterschaft 2000 bildete Wheeldon, der auch für die österreichische Nationalmannschaft spielte, mit Peter Douris und Mike Casselman die Paradereihe. Nach dem Aus der Barons kehrte der sympathische Sportsmann in seine Wahlheimat Feldkirch zurück, wo er 2004 seine aktive Laufbahn beendete.

Der Mann mit dem Hammer: Der Kanadier Shane Peacock (hier mit seiner Frau Trina beim Besuch des Oktoberfestes) war wohl der Spieler mit dem härtesten Schlagschuss, der jemals das Trikot eines Münchner Klubs trug. Der Sohn eines Häuptlings vom Stamm der Cree-Indianer, aufgewachsen im Reservat Enoch bei Edmonton, spielte drei Jahre für die Barons und wurde in der Saison 1999/2000 sogar zum „Spieler des Jahres" in der DEL gewählt. Nach dem Barons-Aus wechselte er nach Köln. Peacock war übrigens nicht der erste Indianer im Münchner Eishockey: Dies war Dan Hodgson, der von 1990 bis 1992 für den EC Hedos spielte.

Zweimal war der Landshuter Max Fedra in München: Zwischen 1978 und 1982 stürmte er mit dem EHC 70 in Bundesliga und Zweiter Liga. 1999 wechselte er mitsamt der DEL-Lizenz des EV Landshut 70 Kilometer isaraufwärts nach München und bestimmte drei Jahre lang als Manager und Geschäftsführer die Geschicke der Barons. Fedra galt beim Gewinn der Meisterschaft 2000 als „Vater des Erfolges". Von der Münchner Boulevardpresse wurde der gelernte Steuergehilfe, der zuvor zehn Jahre lang in gleicher Funktion für den EV Landshut arbeitete, vor allem wegen seiner kessen Sprüche geschätzt. 2002 machte Fedra zwar den Umzug nach Hamburg mit, schied aber nach wenigen Wochen wegen einer Erkrankung aus.

Der beste Spieler, den das Münchner Eishockey jemals selbst hervorbrachte, ist Christoph Schubert. Über die Nachwuchsabteilungen des EC Hedos und später des EHC Klostersee und EV Landshut wurde der Bogenhausener 2000 in den DEL-Kader der Barons aufgenommen, in dem er sich mit gerade einmal 18 Jahren etablierte. Am Saisonende wurde der Blondschopf sogar von Bundestrainer Hans Zach für die Weltmeisterschaft im eigenen Land nominiert. Nach dem Aus der Barons wechselte der 1,90 Meter große Verteidiger nach Übersee. Nach drei „Lehrjahren" in Binghamton schaffte er in der Saison 2005/06 bei den Ottawa Senators den Sprung in die Profiliga NHL.

Der Rheinländer Jochen Vollmer setzte beim EHC die große Münchner Tradition auf der Torhüterposition fort. Der Blondschopf mit DEL-Erfahrung bei den Moskitos Essen, den es studienbedingt 2001 zunächst nach Erding und ein Jahr später nach München verschlug, machte den kompletten Aufstieg des EHC von der Bayernliga an die Spitze der 2. Bundesliga mit. Seine wohl beste Leistung im EHC-Dress bot „Joey" Vollmer im März 2003 im Bayernliga-Halbfinale vor 5.000 Zuschauern bei den Star Bulls Rosenheim, als er seinen Kasten sauber hielt und die Münchner mit einem 1:0-Auswärtssieg die Weichen für den Oberligaaufstieg stellten.

Millimetergenaue Scheibenführung und Übersicht waren die Markenzeichen von Fabian von Schilcher, der zwischen 2000 und 2006 als Kapitän des EHC München fungierte und die Aufstiege in die Oberliga und 2. Bundesliga mitmachte. In der Saison 1998/99 hatte der Adelsspross aus Dietramszell schon einmal in München gespielt und war mit dem ESC von der Regional- in die Oberliga aufgestiegen. Mit ein wenig mehr Biss und Ehrgeiz hätte der Mittelstürmer auch in der DEL spielen können. Nach seinem Studienabschluss beendete von Schilcher im Sommer 2006 mit erst 28 Jahren völlig überraschend seine aktive Laufbahn.

10

Eishockeystadt München

Auch wenn Eishockey im öffentlichen und medialen Interesse in München deutlich im Schatten des Fußballs steht, ist die Isarmetropole eine Eishockeystadt. Der Deutsche Eishockey-Bund (DEB) hat hier ebenso seinen Sitz wie bedeutende Eishockey-Medien, z.B. der DEL-Haussender Premiere oder der WM-Sender Deutsches Sport-Fernsehen (DSF). Fast 20 Jahre lang waren in München auch die Eishockey-Redaktion der Deutschen Presse-Agentur (hier arbeitet Gerd Münster im dpa-Büro am Sendlinger Tor) und das mittlerweile eingestellte Fachblatt „Sport-Kurier" beheimatet. Die Deutsche Eishockey Liga (DEL) residierte zwischen 1994 und 1997 in München.

3:3 gegen UdSSR! Unsinn-Truppe schafft Sensation

Eishockey: Ovationen für DEB-Truppe in München / Torwart Schlickenrieder super

Eishockeygeschichte schrieb das Olympia-Eisstadion am Ostermontag, dem 8. April 1985. Erstmals gelang der deutschen Nationalmannschaft hier ein Unentschieden gegen den als unschlagbar geltenden Abonnement-Weltmeister aus der Sowjetunion. Fans wie Journalisten (hier die Schlagzeile aus der Boulevardzeitung „tz“ vom folgenden Tag) waren begeistert, denn in den 55 Vergleichen zuvor hatte es ausschließlich Niederlagen gegeben, teilweise sogar zweistellig. Zum Helden des Tages avancierte der Mannheimer Torhüter Josef Schlickenrieder, der einst beim EHC 70 gespielt hatte.

Gleich dreimal, und zwar in den Jahren 1975, 1983 und 1993, war die 10.500 Zuschauer fassende Olympiahalle Austragungsort einer Eishockey-Weltmeisterschaft – hier eine Szene aus dem Abstiegsrundenspiel zwischen Deutschland und Finnland (2:4) bei der WM 1983. Diese Ehre hatten in Deutschland sonst nur die Dortmunder Westfalenhalle und die Düsseldorfer Brehmstraße. Das WM-Finale vom 2. Mai 1993 zwischen Sowjetunion-Nachfolger GUS und Schweden (3:1) war das bis heute letzte Eishockeyspiel in der Multifunktionsarena, die im Laufe der Jahre vom technischen Standard her immer mehr den Anschluss an moderne Hallenneubauten in Köln, Mannheim oder Hamburg verlor.

Die finanzielle Rendite der WM-Turniere 1975 und 1983 investierte der Deutsche Eishockey-Bund (DEB) in den Erwerb einer Immobilie am Betzenweg im Stadtteil Obermenzing, die seither den Namen „Haus des Eissports" trägt und als Sitz des Verbandes fungiert. Hier posiert DEB-Generalsekretär und Sportdirektor Franz Reindl vor dem Eingangsbereich des Gebäudes, in dem über viele Jahre hinweg auch die Geschäftsstellen der Deutschen Eislauf-Union (DEU) und zwischen 1994 und 1997 der Deutschen Eishockey Liga (DEL) untergebracht waren.

Als einzige Stadt war München gleich zweimal Austragungsort des traditionellen All-Star-Games zwischen der Nationalmannschaft und den besten Ausländern der Bundesliga bzw. DEL. Seine Premiere feierte der Vergleich am 8. März 1979, als im Olympia-Eisstadion knapp 5.000 Zuschauer Augenzeugen eines 8:3-Sieges der mit fünf ČSSR-Weltmeistern (u.a. mit Jiri Holecek vom EHC 70) besetzten Bundesliga-All-Stars wurden. Am 1. Februar 2002 nahm die Nationalmannschaft vor 5.300 Besuchern mit einem 7:5 Revanche. Auch die beiden Barons-Asse Peter Douris (links) und Derek Plante konnte die Niederlage der DEL-Auswahl nicht verhindern.

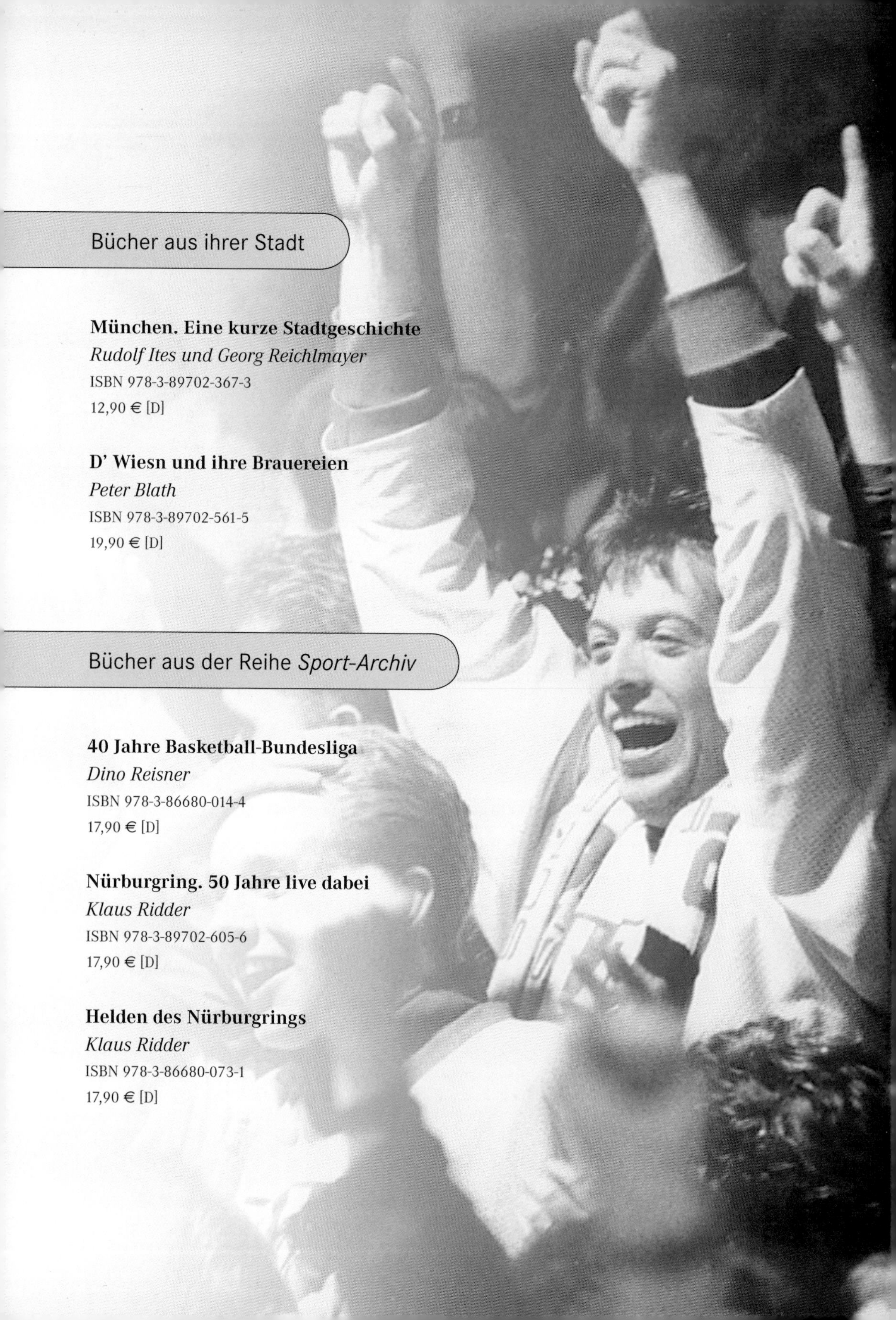

Bücher aus ihrer Stadt

München. Eine kurze Stadtgeschichte
Rudolf Ites und Georg Reichlmayer
ISBN 978-3-89702-367-3
12,90 € [D]

D' Wiesn und ihre Brauereien
Peter Blath
ISBN 978-3-89702-561-5
19,90 € [D]

Bücher aus der Reihe *Sport-Archiv*

40 Jahre Basketball-Bundesliga
Dino Reisner
ISBN 978-3-86680-014-4
17,90 € [D]

Nürburgring. 50 Jahre live dabei
Klaus Ridder
ISBN 978-3-89702-605-6
17,90 € [D]

Helden des Nürburgrings
Klaus Ridder
ISBN 978-3-86680-073-1
17,90 € [D]